教育部人文社会科学研究青年基金项目“文化间性视域下中俄影视合作与‘中国形象’表达研究”（编号：19YJC760074）

文化间性视域下中俄影视合作与“中国形象”表达研究

吕丽 著

哈尔滨

图书在版编目（CIP）数据

文化间性视域下中俄影视合作与“中国形象”表达研究 / 吕丽著. -- 哈尔滨 : 黑龙江大学出版社, 2022.5
ISBN 978-7-5686-0655-4

Ⅰ. ①文… Ⅱ. ①吕… Ⅲ. ①文化交流－国际合作－研究－中国、俄罗斯②国家－形象－研究－中国 Ⅳ. ①G125 ②D6

中国版本图书馆 CIP 数据核字（2021）第 144296 号

文化间性视域下中俄影视合作与“中国形象”表达研究
WENHUA JIANXING SHIYU XIA ZHONG-E YINGSHI HEZUO YU“ZHONGGUO XINGXIANG”BIAODA YANJIU
吕　丽　著

责任编辑　王瑞琦
出版发行　黑龙江大学出版社
地　　址　哈尔滨市南岗区学府三道街 36 号
印　　刷　哈尔滨市石桥印务有限公司
开　　本　880 毫米 ×1230 毫米　1/32
印　　张　8.125
字　　数　183 千
版　　次　2022 年 5 月第 1 版
印　　次　2022 年 5 月第 1 次印刷
书　　号　ISBN 978-7-5686-0655-4
定　　价　32.00 元

目　　录

绪　　论

一、国内外相关研究现状分析

中俄影视合作具有良好的历史渊源，随着中俄政治、经济、文化交流的不断深入，中俄影视合作得到了进一步发展，“一带一路”倡议在凝聚中俄文化共识、构建中俄影视行业市场体系、营造影视文化交流氛围等方面发挥了积极作用。中俄影视合作与交流问题引起了部分学者的重视，他们在这一领域进行了初步探索。

国内学者关于俄罗斯对中国形象的认知的研究主要集中于媒体中的形象塑造方面。张举玺、郑琪的《论中国形象在俄罗斯的认知与媒介塑造》（2021）考察了中国形象在俄罗斯的转型和变迁，借助“全俄社会舆论研究中心”（ВЦИОМ）、“社会舆论基金会”（ФОМ）等机构关于俄罗斯民众对中国的认知方面的调查数据，总结了中国形象在俄罗斯的得失，从中国在俄罗斯的形象受制于“他塑”角度出发，提出要加强文化形象自主性塑造的传播策略。沈影、吴刚（2013）以《州报》、《实业界》、乌拉尔政治网的相关报道为例研究了俄罗斯斯维尔德洛夫斯克州的媒体中的中国形象，指出媒体报道的中国的国家形象、国民形象、商品形象与它们各自的实际形象有一定差距,媒体建构的中国形象受到中俄两国关系、文化差异等多种因素的影响,要想减少外媒对中国认知的误差则应主动进行中国形象的传播与建构。钱程在《俄罗斯媒体中的中国形象变化分析》(2020)中梳理了中国形象变化的轨迹,提出中国形象更为立体和真实的现状。中国国际电视台(China Global Television Network,以下简称 CGTN)俄语频道副制片人李璁从对外传播角度出发,在《新时代对俄传播与国家形象塑造——以 CGTN 俄语频道为例》(2020)中提出本国媒体和他国媒体是塑造国家形象的主要载体,2013—2019 年,俄罗斯主流媒体,包括俄罗斯卫星新闻网、俄罗斯国际新闻通讯社(以下简称"俄新社")、俄通－塔斯社、俄罗斯国家电视台新闻频道(Russia-24 频道)、独立电视台(NTV)、俄罗斯第一频道,以及《俄罗斯报》《消息报》《独立报》《生意人报》《共青团真理报》等涉华报道非常真实、客观,本国(中国)媒体开设的 CGTN 在"讲好中国故事,传播好中国声音"方面发挥了重要作用。李璁指出,本国媒体还需要巧妙设置议题,与俄罗斯主流媒体形成联动,以引导俄罗斯民众认知中国形象,注重对接目标受众群体,用俄罗斯话语表达方式传播利于跨文化接受的内容,同时加强新媒体传播,扩大社交平台的传播影响力,发挥各种影像提升传播力和影响力的作用。于小琴在《从人类命运共同体视角看疫情下俄罗斯社会对华舆论及中国形象》(2020)中对中俄联合抗疫这一具体事件中的中国形象进行了专题分析。刘亚丁在《20 世纪 90 年代俄罗斯对中国智者形象的建构》(2009)中具体分析了俄罗斯汉学家在塑造中国智者形象方面的可取之处及误读现象。李娟的《国家文化形象的影像话语建构与传播》(2012)、范志忠和吴鑫丰的《国际传播语境下的中国电影》(2012)等成果则从影像表达方面论述了全球化语境下中国电影建构和传播国家形象的特征及趋势。整体而言，近几年来，我国学者更加重视中国形象的对俄传播以及如何更好地塑造中国形象等问题，并能够从理论和实践的研究角度进行深入探析。

在中俄影视研究方面，国内学界比较关注"一带一路"沿线国家与中国的影视合作与交流，在宏观总括性研究方面有一定突破。李宇的《"一带一路"建设与广播影视国际传播：挑战与变革》(2017)认为，丝路沿线国家的多元文化、媒体影视强国的竞争和中国广播影视产业的国际化水平不高是中国广播影视进行国际传播时面临的主要挑战，因此应创新合作模式，构建广播影视国际共同体。中俄电影合作方面的研究以陈旭光的《试论中俄电影文化的几次"交集"——兼及对中俄电影未来发展空间的思考》(2015)和李湘艳的《当代中俄电影合作研究》(2014)为代表。陈旭光教授指出，中俄新一代导演和受众受到美国电影文化的极大影响，导致俄罗斯文化在中国电影中的体现及中国电影的对俄传播都逐渐式微，中俄电影应深化合作及交流。李湘艳在梳理了中俄电影合作的历史脉络的基础上指出，中俄电影开展深度合作时应重视政府推动，并根据受众需求进行有针对性的电影创作。他们的研究采用了宏观视角对中俄电影合作问题予以审视和思考，对中俄两国合作拍摄的影片则缺少细致的文本分析，也未谈及如何通过影视合作而更好地进行文化互渗。

同时，学界对中国影视如何"走出去"及影视文化推广给出了针对性策略。丁亚平主编的《大电影的拓展：中国电影海外市场竞争策略分析》(2014)从国内现状到国外经验、从内容生产到受众分析、融资推广、国家政策等多个层面，对当下电影热点话题进行了重点研究。金丹元和周旭的《直面全球化语境下中国电影产业的新窘境——对中国电影海外传播策略的再思考》(2016)指出,中国电影要减少电影传播中的文化折扣①现象,创作具有国际视野和国际影响力的作品。尹鸿(1998)在分析好莱坞全球化策略之后认为,开拓中国电影的国际空间需要在营销发行、人才培养、资金政策、制作水平、多媒体产品五个方面做出努力。李亦中(2017)认为,中国电影的海外传播应该分步推进:文艺片挺进国际电影节,商业大片则硬碰硬“与狼共舞”,重点辐射亚洲地区。周菁的《论中外合拍电影的发展与跨文化传播》(2013)梳理了中外合拍电影的发展史并指出了跨文化传播过程中存在的问题。学界形成共识的是,中外开展电影合作已经是中国电影产业发展的重要组成部分,也是中国电影“走出去”战略中最关键的环节,但学界对于俄罗斯电影在中国的传播及文化传递方面的研究还很欠缺。中俄影视合作具有良好的历史渊源,随着中俄政治、经济、文化交流的深入,中俄影视合作的发展正面临着前所未有的良机,此时,探索中俄文化的“对话”路径,避免出现文化曲解和形象危机等问题,使得在文化间性视域下研究中俄影视合作及中国形象的表达方式和表达策略显得尤为重要。

俄罗斯学界对中国影视及中俄影视交流方面的研究,同样没有形成如火如荼的研究态势,但随着中俄关系的友好发展,这些方面已经引起更多相关学者的关注。对于中国电影的研究,学术成就较高的当属俄罗斯汉学家和中国影评专家 С. А. Торопцев,其专著《中国电影的困难年代》《社会主义视野下的中国电影》分

① 1988 年,霍斯金斯(Colin Hoskins)和米卢斯(Rolf Mirus)在《美国主导电视节目国际市场的原因》(*Reasons for the U. S. Dominance of the International Trade in Television Programmes*)中首次提出此概念。

别从中国电影的发展历史和影响力等角度来评述中国电影,著作《中国电影的民族品牌——张艺谋》对中国著名导演张艺谋及其作品进行了个案研究。对于中国电视剧在俄罗斯传播情况的研究,由于中国电视剧输入俄罗斯的历史比较短,因而少有全面系统的研究,一些相关的评论文章只关注中国电视剧的发行及内容,多散见于网络。

在中国形象研究方面,俄罗斯汉学家 N. N. Kychanov 在《东方研究所先驱报》1997 年第 2 期发表了文章《17 世纪中国在俄罗斯的形象》,描述了俄罗斯人眼中中国的形象,并分析了这种形象产生的原因。2007 年亚·弗·卢金的《俄罗斯熊看中国龙:17—20 世纪中国在俄罗斯的形象》出版,这一成果由重庆出版社发行了中文版,介绍和评价了俄罗斯人眼中中国形象在不同历史阶段的不同情况,力图真实反映不同历史时期的不同视角下不同层面的中国形象。媒体报道所呈现的"中国形象"是国外研究关注的一个重点,如 2016 年 I. V. Sidorskaya 组织编写的《国家形象形成中的大众传播资源》考察了媒体和其他传播渠道是如何塑造中国的国家形象的。专题研究方面,O. A. Bakulin 和沈昕的《俄罗斯大众传媒上的中国形象——以北京奥运会报道为例》(2008)对媒体对北京奥运会的报道进行了内容分析,其中涉及中国形象研究。萨伊娜的《俄罗斯人眼中的中国形象研究》(2020)对不同时期的中国在俄罗斯人眼中的形象以及影响俄罗斯人对中国形象进行认知的因素进行了综合分析。Elshennawi Milla 的《俄罗斯主流新闻网站"TASS. RU"中的中国形象研究(2012—2017)》(2019)对俄罗斯主流网络新闻报道机构塔斯社对中国的新闻报道进行了框架力量研究和内容实证分析,其中包含对军事、文化、政治、经济、科学、社会、体育等十大主题新闻报道的解析,全方位展示和剖析了俄罗斯网络媒体是如何塑造中国形象的。俄罗斯一些机构如俄罗斯民意调查机构“全俄社会舆论研究中心”（ВЦИОМ）会定期调查俄罗斯人眼中的世界各国形象。整体而言，俄罗斯学界比较重视对中国形象进行研究，但是鲜有从影视角度出发对这一问题的研究。

《关于实施中华优秀传统文化传承发展工程的意见》（国务院，2017）提出，要推动中外文化交流互鉴，助推中华优秀传统文化的国际传播，加强“一带一路”沿线国家文化交流合作，讲好中国故事、传播好中国声音、阐释好中国特色、展示好中国形象。但是对国内外的相关研究进行分析后可以发现，学界对于中国影视海外传播的研究成果虽然较多，但其中关于中俄影视合作与交流情况的研究成果还不够丰富；少数“一带一路”背景下的中外影视合作与交流的研究成果也未具体细化到中俄层面。中俄影视合作具有鲜明的历史色彩，以战争为主题的作品居多，展现当代中国新风貌方面的作品较少，这直接影响了俄罗斯民众对中国形象的认知，也难免引起对彼此形象的误读。在“一带一路”倡议下，探索中俄影视合作的路径和良性的文化互渗，避免出现文化曲解和形象危机等问题，有助于推进中俄影视的深度合作和中俄两国间的文化认同。

二、研究内容

文化间性理论认为，跨文化交流的关键是要努力选取一个介于两种文化之间的立足点。通过这个立足点，自身文化界限可被超越，这样就能打破文化的二元对立关系，找到不同文化中的共同点来实现人类表征文化的共享，从而进入其他文化的“意味视界”。影视剧可以承载民族文化，进行文化传播和渗透。作为文化输出的重要手段，影视作品不仅用炫目的视听语言讲述全球通行的叙事母题，也在向外输出一个国家的文化和主流价值观，文化渗透力度之强之大远超其他艺术形式。中俄合作拍摄的影视作品中的民族文化和意识形态内涵可以较为多元，故亟须在异质文化交会处找到中国文化的立足点，从而更好地为塑造和传播中国形象服务。

在中俄影视合作中做好中国形象表达，应深入挖掘民族文化精髓，从文化间性的视角生产利于跨域传播的文化符号，开发具有共同价值观的作品题材，以迎合具有不同文化背景的观众的共同审美情趣。当前，中俄在创作战争题材影视剧方面找到了较好的合作模式，但中俄影视合作还存在类型单一、传播渠道不畅通、受众认知有差距等问题，面对中俄受众在以自我为中心的思维模式下产生的文化冲突，创作者们应淡化主体性，打破以往那种“自我”与“他者”即主体与客体二元对立的模式，承认差异性，尊重“他者”文化，走向对话、沟通、共融，才能处理好中俄文化的互相认同的问题。

本书以中俄影视文化交流与中国形象表达为研究对象，重点关注“一带一路”背景下中国影视作品凸显的文化输出和形象塑造问题，通过分析中俄影视文化交流的历史沿革与现状，解读对俄传播的电影、电视剧和纪录片等作品承载的“中国形象”，剖析影视文化跨域传播所遭遇的问题和应对这些问题的策略，为“一带一路”倡议下中国形象的影视表达与传播提供参考。一方面，要在中国丰富的历史文化资源中充分发掘中国文化与俄罗斯文化的关联性，转换文化表达路径，跨越文化鸿沟，求同存异，突破文化逆差困境，把中国故事讲述成可被俄罗斯观众理解的故事；

另一方面，要随着一种文化特定期待视界的变化和不断生成，在丰富的当代中国生活中不断发现中俄文化的新的关联部分，在战争片之外探索、创造新的类型模式和美学形态，防止类型和样式的单一与重复。应充分发挥民俗、地标性建筑、神话或传说等中国元素在中国形象表达中的作用，依托新媒体平台强化能体现良好中国形象的古装剧及爱情偶像剧的传播效果，促进中俄影视合作的可持续发展。

三、研究意义

中俄两国影视文化交流及合作是推动中俄两国关系发展的重要元素，尤其是“一带一路”倡议实施以来，影视作品成为促进民心相通的重要载体。国之交在于民相亲，民相亲在于心相通，中俄影视文化交融可以促进中俄民众的相互认知与理解，并在此基础上实现相互认可和尊重，推动两国文化相融、民心相通。本书通过梳理纵向的文化交流与发展脉络及分析横向的文化传播与碰撞，对中俄影视文化进行深入探究，描绘影视文本所蕴含的中国形象，寻求中国形象影视表达的更好路径和策略，有利于“一带一路”沿线国家间的文化交流和文明互鉴，从而凝聚共识，促进民相亲、心相通。

本书以中俄影视文本为研究立足点，调研中俄影视文化传播与接受的现状以及中俄影视作品中文化表达及文化互渗的方式，对中俄影视文化发展有一定的启示作用。对于中俄影视文化传播与接受现状的研究，有利于发掘中俄影视文化互渗规律，助推中俄影视文化良性互动，为中俄合作开发影视作品及其全球化传播提供参考；对于中俄影视作品中文化表达及文化互渗方式的研究,有利于中俄影视合作转换文化表达路径,跨越文化鸿沟,求同存异,在激烈的全球影视竞争中实现突围;对于文化互渗与共生的研究,有利于中国在开展跨境影视合作的过程中彰显国家文化软实力,在文化跨域传播中展现富有民族韵味和特色的中国形象。

第一章　文化间性与影视文化跨域传播

本章先辨析了文化间性理论的内涵，探讨了影视文化建构主体间性的必要性，总结了影视文化跨域传播的内容。影视文化跨域传播的内容包含了多重文化样态，无论是物质层面还是精神层面的文化表征，都应以文化主体间性为基础，通过文化主体间性的对话、交流、理解和共生，实现对彼此文化的认同。接下来，本章从不同角度分析了影视文化跨域传播的影响因素，明确了影视文化跨域传播的优势与困境，并由此指出可以将文化间性理论作为引导，推动中俄影视对话。审视中俄影视文化主体间性的交融与碰撞，不仅是对在全球化语境下提升国家文化软实力的自觉思考，更是对“文化先行”的践行，有利于中国影视文化在开放互联的格局中与世界影视文化的融合。

第一节　文化间性的内涵及影视文化主体间性

一、文化间性理论的溯源与内涵

文化间性理论是主体间性在文化领域的应用，可以追溯至胡塞尔的现象学理论。主体具有唯我性，主体间性强调共在和社会性，主体间性理论是德国学者胡塞尔谋求解决主体单一性问题的倡议，在殖民主义带来自我中心论的背景下，胡塞尔等人将主体性改造为主体间性，认为可以通过主体间性的共在共融来改造主体性的个人性、单一性和排他性，继而缓解人类世界的生活焦虑。海德格尔从生存视角赋予了主体间性本体论意义，生存是主体和客体建立在交往和对话基础上的共生，而不是主体改造和征服客体。主体间的关系通过语言文字、社会文化等进行衔接，自我与他人、个体与社会不是对立的，而是在保持自我个性的前提下交互共生的。海德格尔指出，由于这种有共同性的在世之故，世界向来已经总是我和他人共同分有的世界。此在的世界是共同世界，“在之中”就是与他人共同存在，他人的世界之内的自在存在就是共同此在。

从主体性走向主体间性是认识论和本体论的重大转向，它影响着人们认知世界的方式和人与人交往的方式，追求自我主体确认和主体间平等共生，反映了存在哲学家们对社会问题的批判态度和试图摆脱主客二元对立论的努力。主体间性在诠释学(解释学)领域也是讨论的焦点，在伽达默尔看来，语言和交流是人类构造世界的基本手段，人类生存在实践的注重分享和参与的世界中，需要借助“对话”“集体沟通的主体间性”来构建人类行为的实践理性。总而言之，现象学、存在哲学以及诠释学(解释学)都肯定了主体间性的对话、交流、理解和共生。文化作为交流主体，从征服世界转向交互共生，是吻合人类世界建构趋势的。

1959 年，美国人类学家斯图亚特·霍尔首次提出了文化间交流概念，揭示了跨文化传播的身份问题。在文化全球化的背景下，各种文化频繁地交流碰撞，难以避免地生成新的文化语境，而学者们普遍关注的文化殖民和文化同化问题也给文化主体带来困惑。如何在“他者”文化中找到共生的交集点？霍尔等学者提出“文化身份理论”来解决这一问题，指出不同文化主体间持有各自独立的文化身份，并开展独立平等的稳定性对话。文化身份为人们提供了跨文化传播过程中的同盟感，文化主体可以在不丧失自我的前提下进行文化交流。

文化间性理论的提出者哈贝马斯批判主体与客体的对立，强调主体在不同文化语境下具有共同协调的作用，正因为不同心灵具有共同特征，不同主体才能够建立一个共享的世界，并在这个交往空间里自由交流并找到认同感。在这个普遍联结和交互的和谐社会中，没有纯粹的客体，每个主体都能充分发挥自我意识，通过语言交际等方式建构社会交往的理性世界。只有人类都作为主体进行主体间的交流，人类社会各个族群之间的和谐才能得到保证。可以说主体间性有利于解决人与人、人与自然、人与社会等现代性问题，将一切以“我”为中心的主体拉下神坛，没有了所谓的“世界中心”，便可以较好地处理环境破坏、社会冲突、文化殖民等问题。

二、影视文化建构主体间性的必要性

全球化为各国影视文化的传播与交流提供了机遇，在世界性的文化空间里，各民族的文化传统及其独有的价值特色需要保持，同时还应在开放互联的格局中与世界文化融合，此时保持各自主体性的对话便尤为重要。

(一)有利于跨文化传播与认同

文化间性具有视域界限,通过对话与交流,不同的文化主体在相互交融的同时能够坚持自身的文化独特性,或者在与“他者”文化交融后生成新的文化。同时,文化间性具有动态性,文化间的交融会随着时境变迁而产生新的特质。文化间性离不开主体间性,强调交流中的平等与共生,要求在承认差异的前提下进行平等对话。在国际上获得认可的中国影视作品,无一不是承载和突出了中国文化独有的元素和价值理念,无论是中国功夫所折射出的武侠精神还是特定历史时期的伦理故事,都以国内外观众普遍关注的爱情、英雄等为话题,可以说这些作品找到了本土与国际之间审美趣味的平衡点。文化间性理论应用于影视文化传播领域有利于增进对各自民族文化的认同,启示中国影视文化在交流和传播的过程中保持主体特质。

(二)有利于规避文化霸权

影视文化交流突出各自主体文化特质,是应对文化霸权和信息不对称等问题的有效方法。文化在世界上的分布反映了权力的分布,文化几乎总是追随着权力。(亨廷顿,1998)强大的经济实力为文化输出提供了坚强的后盾,媒体技术的高速发展也为影视制作和输出提供了世界舞台。纵观世界各国,电影产业发达的国家大多为发达国家,有些发展中国家发展本国影视都举步维艰,更无力应对大量输入的外来文化产品。虽然互联网为影视文化传播提供了开放的平台,但是互联网的普及情况及受众的经济能力和知识水平也影响着影视产品在网络中的流通效果。“数字鸿沟”的不断扩大直接导致了思想文化传播的不对等,发达国家更容易获得互联网影视话语主导权。20 世纪 70 年代,美国传播学家蒂奇诺等人提出了“知识沟”理论,指出社会经济地位高者通常能比社会经济地位低者更快地获得信息,因此,大众媒介传送的信息越多,这两者之间的知识鸿沟也就越有扩大的趋势。这一理论同样可用来解释影视信息传播所面临的社会阶层分化问题:一方面是影视文化输出的不对等,流量和流向的不对称;另一方面是受众在选择影视接收时的受益程度有较大差异。影视文化流量的不对称主要体现为本国影视输出与外国影视输入在数量上的不对称,流向的不对称主要体现为影视大国、强国的对外输出较多,而弱势国家的输出较少、输入较多。强大的经济实力为影视作品输出提供了院线平台等更多的渠道,给予了影视作品优先发布和反馈的权利。

(三)有利于求同存异的文化创作与解读

人类文化历经环境的变迁和生产方式及社会形态的变革,在不同的历史环境中形成了不同的观念和价值体系,同时也决定了在各自时空里民族文化形态的差异。这些不同和差异必然会使文化对话存在隔阂。随着全球化进程加快,各国文化产品的形态、生产方式及传播渠道日益趋同,但是文化的内核仍具有自主性,且各国都努力保持自身文化的独特性。将本国影视文化视为主体,而将外域文化视为“他者”进行意义建构,势必会导致文化隔阂的产生。同时,文化维模与适应功能决定了受众会对自我文化体系进行保护,对异质文化进行筛选和过滤。异质文化以霸权姿态出现时,会受到屏蔽和阻挡,异质文化若能与自我文化友好交融并促进文化多元发展,则会更容易得到接受。因此,唯有主体间性的影视文化对话才能使不同文化求同存异、深入了解,最终实现共同发展。不同发展阶段和沉淀环境中的文化在影视创作与解读的过程中不断碰撞、调适，影视文化主体间性要求传受双方既不对来自其他国家的文化做想象性“他者”的误读，也不在封闭的空间里进行想象性创造而忽视受众基于文化语境的解读，从而避免传播格局的不均衡和矛盾等问题的出现。

影视文化主体间性要求双方以平等互益为出发点，追求对彼此文化的认同，保持自我文化向心力，最大化地实现自身文化价值，同时不削弱或歪曲对方的文化特质。这种削弱和歪曲主要建立在对影视文化内容进行想象性编码和主观性误读的基础上，如萨义德所说，在西方文化产品的生产过程中，东方作为西方镜像的“他者”被误解甚至丑化，他认为对东方情调、元素的武断挪用，以及由此产生的对东方形象和事实的误读、歪曲，被置于西方文化的权力话语之下。（萨义德，2003）为避免这种偏见、歪曲和误读的出现，影视作品应避免对“他者”的想象性解读和呈现，尊重对方的文化传统，在有效沟通的基础上进行艺术创作，同时在接受他国影视文化作品时也应力求回归作品本身的语境进行解读，实现编码和解码的有机统一。在当前开放的信息环境中，影视文化主体间性构建平等对话格局尤为必要。

第二节　影视文化跨域传播的内容

影视语言通过影像符号传达意义，声音、画面、色彩、造型、环境以及人物的动作、表情都是意义的载体，具有其独特的传播规律。影视作品不仅涵盖了多重文化意义，同时也是传播文化的媒介。影视文化传播发生在物质层面和精神层面。物质层面的文化表征往往通过建筑环境、器物服饰等社会性物质现象呈现，影片中的建筑、风景、文字、饮食、乐器等通过视觉符号得以表达，体现了特定民族的日常生活。精神层面的文化表征也是借助视觉符号通过直观或隐喻的手法进行呈现的，往往涉及理想信念、价值观念、伦理道德、艺术审美等精神形态。

一、影视作品中的自然景观

影视作品中所呈现的地域自然景观及建筑特色，对于异域受众而言都是新鲜事物，由于建筑景观各具特色，因而能够满足受众的好奇心和审美需求。影视作品可以向跨文化受众展示中国的地域风貌，有助于塑造中国形象。

景观是环境整体的概况，作为文化地理学术语，景观既包括可见的自然景观，也可以推及其他看不见的思想、文化和背景。（唐晓峰，2012）雄伟瑰丽的自然风貌、高楼林立的城市街景、纵横交错的交通网络，都可以作为视觉景观体现中国地理特征，且对人们在生产、生活中逐渐形成的各种文化形态产生影响。根据《中国国家形象全球调查报告（2018）》，游览人文景观是海外受访者选择来华的最主要原因，选择比例达 59%，体验当地生活和欣赏自然风光分别占比 49% 和 48%。影视作品中的景观呈现具有展示功能。下面以 vsedoramy. net 网站上中国电视剧中浏览量、点赞数和评论量最多的《流星花园》（2018）为例做简要分析。（截止到 2021 年 4 月数据）《流星花园》（2018）翻拍自 2001 年的台湾偶像剧《流星花园》，剧中不仅有浪漫的爱情，还有优美的景色，上海、苏州、无锡、深圳、惠州、长白山等地的自然景观都在剧中有所展示，惠州海滩的阳光和海风见证了道明寺、董杉菜和花泽类三位主演的情感转折。剧中主要情节开展之处明德学院，取景于上海市浦东新区的上海建桥学院临港校区,图书馆的红墙蓝瓦等充满现代活力的校园风光衬托了明德学院学子的青春朝气。vsedoramy. net 上浏览量最高的中国古装剧《楚乔传》讲述了西魏时期门阀争霸,奴籍少女楚乔与开明贵族宇文玥、西凉世子燕洵的命运纠葛,故事中有守护有背叛,关乎正义和爱情。自然景观无疑是剧中一大看点:楚乔与狼群打斗的场景取自内蒙古锡林郭勒盟正蓝旗桑根达来,沙漠腹地的自然风光一览无余;浙江丽水市的缙云仙都、东阳市徐田村外的郁郁葱葱的树林让剧中人物的情感故事更加唯美。这部电视剧不仅展现了中国的自然地貌,其取景地中国横店影视城也随之被俄罗斯观众了解,剧中故事发生在中国古代,主要场景皆取自横店影视城春秋战国城。自然景观在影片中不仅具有地域表征作用,通常还会被赋予特殊的人文含义。《楚乔传》中燕洵攻打长安报国恨家仇,而长安的士兵反攻燕北的红川城,试图让燕洵放弃攻打长安,红川城濒临破城,楚乔誓死守城,与红川城的百姓共进退。红川在剧中不仅是一座城,更是守土卫民战斗精神的发扬地。

自然景观在影视剧中与其他人文景观共同生成意义文本,受众作为主体对其进行解读时,也受到文化背景和情感价值判断的影响。自然景观在银幕空间的呈现是导演通过声光影进行再生产的产物,譬如费穆在《小城之春》中通过荒芜的小城和断壁残垣来彰显主人公压抑、痛苦的情绪,陈凯歌在《黄土地》中对黄土地所代表的民族根脉的思索。饶晓志的《无名之辈》很好地利用了贵州独特的景观符号,西山大桥和彩虹桥不仅在影片中作为美景得到了展示,更作为一种“意象”推动了情节发展,“船到墙头自然直”“路走到了尽头就有了桥”,化解了马嘉旗和胡广生的心理困惑。对于中国观众来讲,各具特色的城、各有千秋的景都有特别的意义，尤其是故乡，总会引起个体的情感认同；而对于来自其他文化背景的观众而言，这些自然景观大多作为叙事空间进行理解，即将其当作烘托气氛和转换情节的背景。

二、影视作品中的饮食文化

中国的饮食文化博大精深，各种菜系品类繁多。饮食不仅是满足饱腹之需，还有更为丰富的文化意义，如中庸和谐、天人合一、修身养性等思想，甚至祈福祭祀等都蕴藏在饮食文化中。饮食文化也是中国的影视作品中重要的表意符号，体现了民族文化特质。

1895 年，卢米埃尔兄弟在《婴儿的午餐》中展现了一家三口的午餐场景；1936 年，卓别林的经典默片《摩登时代》中有自动喂食的机器。1959 年，李晨风、李铁、吴回、罗志雄联合导演的公益电影《豪门夜宴》的剧情围绕一场盛宴的较量而展开，描述了冯绥仁等人虚荣的“面子工程”，同时展现了花样繁多的各色美食。饮食文化与影视文化联动，不仅能够给观众带来饕餮盛宴，还能折射出人生百味。李安导演的《饮食男女》以中式家宴为主题，影片中烹饪大师老朱退休在家，一心为和三个女儿一起吃的家宴忙碌着，红烧肉、清炖鸡、梅菜扣肉、小笼包，每一道菜都精致无比。影片开场就是老朱处理食材，展示了老朱精巧的刀工，腌、炸、炒、卤、蒸、烤，每道工序的利落程度都让人叹为观止，而被抓的母鸡、鼓腮的田蛙又让画面有了动感，高汤为底、香料去腥、文火蒸制的瓦罐清炖鸡让人垂涎欲滴，包小笼包的手法也充满了美感。画面一转，老朱的三个女儿各有自己的事业和生活状态，影片中的第一顿家宴暴露了每个人的不同心思和相互之间的隔阂。影视作品中对饮食文化的展示是对生命体生存状态的展示，能够反映个体精神层面的世界，超越饮食本身体现人物的内心活动和社会变迁，使饮食成为一种文化意象而在影视作品中具有独特的价值，成为“有意味的形式”。

中国传统文化中将“食”视为人的天性，影视作品中的饮食不仅可以满足个体生存需求，更能彰显中华民族祖祖辈辈流传下来的饮食要义。“安身之本，必资于食”，中国人的饮食习惯“南米北面、东酸西辣、南甜北咸”在影视作品中有直接的体现，巴蜀、齐鲁、淮扬、粤闽不同风味的菜系对应着不同地域的人的饮食特点。“四季有别”也是中国饮食文化的一大特征。中国烹饪不仅对菜品的色香味有严格要求，菜品的造型和命名也别有讲究，“东坡肉”“全家福”“龙凤呈祥”“节节高”“满汉全席”等传达了美好的寓意，体现了中国传统的儒家观念。同时，在影视剧中，饮食与医药保健紧密相关，中医的养生保健的观念较为流行，中国传统的“医食同源”“药膳同功”的思想一直延续至今，不仅古装剧中经常出现的阿胶、人参、燕窝等滋补品成为剧情发展的推动剂，现代家庭伦理剧中也经常出现调节身体机能的饮食偏方。因为中国饮食文化对日本、韩国、新加坡等很多国家都有影响，还传播到了欧洲、美洲、非洲等地区，而年节美食饺子、长寿面、汤圆、粽子等也有较高知名度，所以影视作品中的中国饮食文化能较容易地使跨域受众产生亲切感，在体现中国人精神气质的同时，也促进了相关影视作品的广泛传播。

法国社会学家布尔迪厄认为，在“食物”中可以找到最强烈和最不可磨灭的婴儿学习记忆，没有起码的食物和饮水，我们就会死亡。因而影视作品中饮食文化的第一重印象是饮食是生命得以延续的基本保障，同时由于人类对于饥饿的恐惧，因而有了《一九四二》中人们逃避灾难时对食物的渴求。影视作品中饮食文化的第二重印象是餐仪，中国是礼仪之邦，饮食文化也体现在中华民族的礼仪文明中，影视剧中宴请宾朋讲究就餐座位按照地位和身份排序，以体现尊卑和长幼。同时家宴、喜宴、寿宴等还能体现团聚、友爱、庆贺等美好寓意，让亲情、友情、爱情等在餐桌上流动，蕴含中华民族崇尚和谐、圆满、喜庆、吉祥的审美心理。徐克的《金玉满堂》源于徐克在拍摄《黄飞鸿之龙城歼霸》时未能拍出米饭可口感的遗憾，对影像视觉效果精益求精的徐克决定用一部电影来拍摄食物，影片中能够做出中国著名大宴满汉全席的赵派与牛派比拼厨艺，展示了烹制满汉全席菜品的经典技艺，还在处理食材时加入了喜剧独有的无厘头手法。影视作品中饮食文化的第三重印象来自武侠文化，通过运镜和特效将饮食制作过程和刀光剑影糅合在一起，使观者感受到饮食制作的刚柔并济，各种刀工技法让人目不暇接，既体现了中国饮食文化中的动静结合，又将影视表现手段运用得淋漓尽致。周星驰和李力持的《食神》中史蒂芬·周和唐牛也将功夫与美食相结合，以夸张的手法制作“功夫菜”，吸引了很多对中国功夫和中国美食感兴趣的国外观众。

三、影视作品中的文学艺术

影视作品与文学艺术的联姻自影视诞生之初便有先例可循，电影被认为是一种综合建筑、音乐、绘画、雕塑、诗和舞蹈的“第七艺术”（卡努杜，1911），它将其他艺术门类纳入自身的语言内容体系中，特别是大量借鉴了文学叙事手段，从文学母体中汲取大量养分。早在 1902 年乔治·梅里爱的作品中就可以看到文学的影响，凡尔纳的科幻小说《月球旅行记》和威尔斯的《第一次到达月球的人》为梅里爱的科幻影片《月球旅行记》提供了内容依据，而《茶花女》《战争与和平》《西游记》《三国演义》《水浒传》等中外经典影视剧皆改编自各自同名的文学名著。

随着电影的实践和理论的创新，许多编剧和导演从文学戏剧作品中寻找创作灵感，尤其是改革开放后现代文化思潮带来的多元文化促进了影视作品的多元化。传统的文学改编呈现出破旧立新和颠覆权威的风格转变，一批“戏说”历史类影视作品走下神坛。受好莱坞电影的影响，更加具有视觉冲击力的电影特效削弱了文学叙事的地位。进入千禧年后，网络文学如雨后春笋般迅猛发展，不少具有海量读者基础的网络文学作品被改编为影视剧且取得较好的收视率。电影方面，有改编自郭敬明的《小时代》系列、改编自顾漫的同名小说的爱情影片《何以笙箫默》、改编自饶雪漫的同名小说的电影《左耳》以及改编自天下霸唱的同名小说的《鬼吹灯》系列等作品。电视剧方面，《花千骨》《诛仙：青云志》《香蜜沉沉烬如霜》《琅琊榜》等由网络小说改编的古装剧不仅征服了海量国内观众和网民，在海外也引发收视热潮；现代剧《甜蜜暴击》《校花的贴身高手》将网络游戏、格斗等更多流行文化元素融入剧中，也获得了观众和网民的青睐。

电影刚刚进入中国时被称为“影戏”，中国电影的早期创作与戏曲和皮影有深厚渊源，第一部中国电影《定军山》即改编自同名的传统京剧曲目。我国戏曲资源非常丰富，不仅有京剧、越剧、豫剧、评剧、黄梅戏五大剧种，还有三百多种地方戏曲，成为帮助影视发展的文化资源。在许多古装影视作品中的服装和剧情中都能看到戏曲的影响，而戏曲人物和故事也是电影创作者青睐的主题，比如陈凯歌的电影《霸王别姬》中的《贵妃醉酒》《霸王别姬》

等唱段在影片中起到了深化主题的作用，影片主人公京剧名角的成长心路也通过戏曲表演刻画得更为到位。电视剧《鬓边不是海棠红》中商细蕊、宁九郎等戏曲名角演唱了很多京剧唱段，电视剧《穆桂英挂帅》《新女驸马》则是在戏剧故事的基础上改编而成的。

音乐是影视作品中必不可少的元素，无论是现代剧还是古装剧，都需要借助音乐来营造氛围、烘托情感、刻画人物和开展叙事，影视配乐不仅可以在影视作品中配合剧情发展和调动观众情绪，甚至可以主导影片叙事，各种音乐流派在影片中的呈现也有助于传播乐器文化。电影《百鸟朝凤》讲述了以吹奏唢呐为生的焦三爷和弟子游天鸣在社会转型中挣扎前行保护唢呐艺术的故事。作为中国传统乐器，唢呐具有独特的艺术价值，影片中唢呐艺术在传承过程中遭遇了传统与现代的冲突，吹唢呐难以养家糊口使得唢呐的传承出现断层，揭示了唢呐传承的困境和唢呐艺人的窘迫，尤其是在祝寿宴上唢呐声与西洋乐队演奏的冲突鲜明地展示了传统技艺遭受的消亡的威胁。焦三爷为村长吹奏，游天鸣为焦三爷吹奏，唢呐声声让这部影片折射出的时代变革中传统技艺的沉浮显得更加苍凉，传统乐器在当今社会中遭到的冷遇和人们对传统技艺的态度都在引发观众思考，使观众能够更深刻地理解匠人精神和生命美学，一支唢呐曲《百鸟朝凤》是对传承者的追思和对传统音乐美学的敬畏。电影《霸王别姬》中有不少京剧曲调，梨园中凄苦的排练总是与京剧声声相应，透着对那个时代唱戏人生的悲喜之叹。电影《刺客聂隐娘》中的埙、古琴、箫、笛子、琵琶和大鼓等民族乐器因极高的辨识度和民族特色，为电影叙事增添了古典审美韵味，鼓声阵阵与聂隐娘的每一次行动密切配合，在关键的叙事点充当调动情绪的标志，同时展现了民族乐器的艺术魅力。《少年的你》是一部现实题材影片，将钢琴曲作为背景音乐诉说青春的美好记忆，利用不同节奏的曲调来制造反差和突出矛盾。音乐在电视剧中也是不可或缺的，尤其是片头曲和片尾曲往往与剧中主题相契合，具有画龙点睛和深化剧情、表现人物的作用，比如《大丈夫》的片头曲《至少还有你》、《金婚》的片头曲《一爱到底》、《甄嬛传》的片尾曲《凤凰于飞》。电视剧中的插曲对于电视剧节奏的掌控和情感的起伏也具有直接的影响作用。影视音乐能够展现中国音乐文化的魅力。电视剧《甄嬛传》中有很多具有传统特色的音乐插曲如《采莲》《长相思》《菩萨蛮》等，让各自对应的人物更加生动；电视剧《红楼梦》的经典曲目《终身误》《枉凝眉》让中国古典乐曲焕发生机，将宝黛的凄美爱情刻在琴弦之上，采用先扬后抑的手法表达了封建社会中有情人不能成眷属的伤感哀怨，“一个是水中月，一个是镜中花”，曹雪芹的浪漫与感伤经音乐得以诠释。

舞蹈也是帮助影视艺术跨文化传播的重要手段，舞蹈不仅可以衔接故事情节，发挥审美娱乐功能，还可以刻画人物心理，传播民族文化。《中国电影影像表达与跨文化传播》（陈晓伟，2018）一书对影视作品中的舞蹈进行了多角度分析，认为舞蹈在跨文化传播中具有文化交流、艺术表现和影视叙事的功能，影视舞蹈更具形象直观性，其艺术魅力可以征服观众，帮助观众对影视内容进行跨文化解读，如电影《十面埋伏》中章子怡的“袖舞”以袖击鼓，彰显了刚柔并济之美，电影《战火中的芭蕾》中鹅儿的芭蕾舞在不同心境下被赋予多样的美，电影《芳华》中女文艺兵们的芭蕾舞剧《沂蒙颂》推进了剧情发展，尤其是何小萍在草地上独舞《沂蒙颂》时，让人不禁慨叹其命运多舛。无论是作为剧情主线还是烘托氛围、塑造人物，影视作品中的舞蹈都具有无声胜有声的传播效果。

四、影视作品中的民俗民情

中华民族世代生活中创造和传承的传统习俗具有典型的民族文化特色，它们作为常规性、地域性的生活风貌而存在，既能够为拍摄影视作品提供优质资源，又能够通过影视作品展现民族文化内涵，塑造中国形象，带动民俗文化的跨域传播，推动跨文化交流。无论是古代题材还是现代题材，丰富多彩的民俗传统让影视作品植根于生活沃土，民俗熔物质与精神、现实与理想、理智与情感、实用与审美于一炉的多重文化品性，为影视作品中的人物提供了一种特具民俗氛围的生存环境。（申载春，2002）史博公在《中国电影民俗学导论》（2011）中指出，传统武术、传统戏曲、传统饮食和方言文化等民俗元素对于中国电影表达来讲具有理论价值，是民族风格形成过程中的必备要素。家庭伦理剧和古装武侠剧在海外热播也印证了中国民俗风情的传播力，在跨文化传播中，民俗可以作为故事背景、叙事元素，也可以作为情节主线来深化电视剧的文化内涵。

贺彩虹（2021）对鲁剧中的山东民俗进行了全方位梳理，山东的生产商贸习俗、交通出行习俗、饮食服饰文化及家庭礼仪、民间信仰都让鲁剧更具文化内涵。民俗的种类繁多，既涉及生产习俗、饮食习俗、商贸习俗、安寝习俗、服饰习俗等物质层面内容，也包括时令年节、民间信仰和民间艺术等精神层面内容，如电视剧《大染坊》讲述了山东印染业的商贸习俗，电视剧《铁道游击队》里出现了烧炭业、武术、摊煎饼、方言和民间小调等社会习俗。电视剧《闯关东》以 20 世纪初的“闯关东”为背景，讲述了朱开山及其家人在“闯关东”路上经历的悲欢离合，既体现了放排、伐木、淘金、采矿等生活习俗，又体现了祭祖、婚庆、祝寿等民间习俗，让观众对特定时期中国的“闯关东”现象和东北生活形成直观印象。电视剧《红高粱》中的剪纸、扑灰年画以及电视剧《北方有佳人》中的山东琴书都是典型的地域民俗文化，山东琴书使用不同的山东方言演唱，具有独特的唱腔风格，扬琴、胡琴、坠琴、简板等乐器也在剧中大放异彩，展现了中国北路琴书的古典韵味。

中国家庭伦理剧是民风民俗的聚集场，自20世纪80年代就凭借对百姓生活的酸甜苦辣的展现而得到观众的认可，一部《渴望》引起了巨大轰动，制造了收视奇观。进入21世纪后，家庭伦理题材出现了很多精品剧，《浪漫的事》《母亲》《中国式离婚》《金婚》《父母爱情》等，这些剧涉及婚姻、教育、养老、住房等各种问题，观众在剧中看到了社会生活和民间风俗的真实写照，在看剧的过程中寻找共鸣、产生思考、审视社会，虽然是加工过的艺术真实，但是剧中人物的生活习惯和行为模式无不体现着民族文化心理，彰显着不同群体在是非取舍之间的价值取向，也折射着家庭、朋友、亲子等关系中的伦理观念。

五、影视作品中的价值观念

价值观念在影视作品中往往以主人公的期待、追求、厌恶或摒弃等行为来体现。因为价值观念形成于社会环境和社会实践，所以不同族群的价值观念有较大差异，在影视文化的传播过程中，找到不同价值观念的契合点有助于受众更好地理解影片内涵。如电影《囧妈》讲述了两代人从存在隔阂到走向相互理解的故事，母子之间化解矛盾拥抱亲情，就是中俄两国受众都能够感同身受的精神内核。俄语频道面向俄语受众播出的《没完没了的爱》描写了主人公从第一次婚姻到第二次婚姻的情感故事,通过喜剧手法呈现了三十岁左右男女的婚姻观和情感观,表达了人们普遍认可的婚姻需要经营的观念。《大熊猫》《湿地的力量》《路见西藏》等纪录片则表现了人与自然的“天人合一”,即保护自然就是善待人类自己,应当维系人、自然、社会和谐的生存哲学。

影视作品传达的价值观念更具有鲜明的倾向性,既可以通过展现创新进取精神塑造奋进的中国形象,也可以通过反思陈俗旧套塑造崭新的中国形象,通过全球化思维展示开放、包容、自信的中国形象。电影《我和我的祖国》作为新中国成立 70 周年的献礼片,采用国际化制作模式,全球同步发行,让近 20 亿世界观众通过 7 个精彩故事见证了中国力量,看到了中国小人物身上的大情怀。对于不同的历史瞬间,不同年龄层的观众都可以在影片中找到共鸣,与祖国同呼吸共命运的价值观念植根于每位观众心里。2016 年《中国电影观众满意度调查〈湄公河行动〉专项数据报告》显示,《湄公河行动》位居中国电影满意度全年度第二名,该片以“10 · 5 湄公河惨案”为原型,讲述了中国警察跨境追捕贩毒集团头目,捍卫中国公民生命安全的故事,影片中丛林激战、水中围剿、赌场谈判等场面惊心动魄,中国警察在执行任务的过程中展现的英勇顽强和团结一心的精神不仅让中国观众敬佩,也让俄罗斯观众评价为“Хорошо снятый олдскульный и драйвовый фильм-действие, культивирующий старую как мир истину: «зло БУДЕТ наказано»”①。罪恶终将受到惩罚,这一具有共通性的价值观念让影片在跨文化传播中得到认同。电影《夺冠》展现了中国女排为实现梦想、捍卫民族尊严而不屈不挠的拼搏精神,

① http://vsedoramy.net/。

《攀登者》展现了人定胜天和忘我争锋的意志信念,《中国机长》展现了机长与乘务人员在面对危机时的专业素养和敬畏科学与生命的价值观念。影视艺术唯有走入人心才能实现艺术审美和文化浸润,在跨文化传播中,影视作品不仅是价值观念的载体,也依赖价值观念和精神信念进行叙事和情节构建,没有文化内核和精神依托的影视作品只能停留在特效玄机和感官刺激层面,唯有价值观念的融入才能让中国影视作品在进行跨文化传播的过程中讲好中国故事,彰显民族特色。

第三节　影视文化跨域传播的影响因素

一、文化差异与文化接近性

文化是社会历史发展进程中一个国家或民族长期生产生活实践的结晶,反映了一个国家或民族的价值观念、审美趋向、生活习俗等,具有长期性、稳定性、多元性,同时文化也具有一定的排他性,人们在解读不同的文化时会受到自身文化属性的影响,即人们通常结合自身文化价值体系对其他文化进行理解,当文化差异较大时,往往会出现理解偏差,产生文化折扣现象。加拿大产业经济学家霍斯金斯(Colin Hoskins)和米卢斯(Rolf Mirus)(1988)认为,影视作品会因文化差异而导致其出口价值受到影响,因为影视内容涉及观众的生活和思维方式,观众进入另一种文化环境后会被不同的文化吸引,但同时也会因为理解的局限而影响传播效果。文化背景的差异会直接导致影视文化在其他国家或地区遭遇意义曲解或艺术价值降低的挑战。

在文化全球化的背景下，文化差异中也存在相近文化的融合。学者J.斯特劳巴哈（Joseph Straubhaar）于1991年在《大众传播批判研究》中发表的学术论文《超越媒介帝国主义：不对称的相互依赖和文化接近》中对文化距离导致的不同文化相互作用的过程进行了细致研究，首次提出“文化接近性”理论。根据文化接近性理论，如果文化历史渊源深厚或文化距离较近、文化接触频繁，那么文化在输出过程中遭遇的阻碍和文化折扣会相对减小，受众能够对接近性文化有更好的理解。在跨文化传播过程中，文化接近性是一个非常重要的考量因素，因为受众长期浸润在一种文化习俗中，更容易接受和理解与该文化相近的文化。影视语言尤其是影视造型及音乐等元素更能唤起受众的文化认同。电影《战火中的芭蕾》是中俄两国艺术家合作拍摄制作的爱情史诗，这部影片从家庭和人性角度出发揭示战争的危害，男女主人公跨越国界的凄美爱情打动了几代人，因为影片珍爱和平、歌颂人性的主题跨越了国界和年龄鸿沟，作为献礼片得到了受众的高度认可。该影片融合了中俄两国的电影风格，东北广袤的土地赋予这里的人民粗犷真诚的气质，而中国女孩鹅儿却对芭蕾舞艺术情有独钟，在战争年代怀揣纯粹的梦想，通过雄浑的音乐和唯美的舞蹈印证了战火中的爱情，在苦难中向光而生，在炮火中绽放爱情光明，尤其是在金黄色的白桦林中，鹅儿身着火红裙装翩翩起舞的画面营造了爱的意境，在中苏共同抗战的历史背景下更富现实意义，能够唤起中俄两国人民的文化共鸣，符合观众的审美需求。

文化差异也是催生观影热潮的主要动力，对新的未知文化领域的探索欲会推动影视作品的跨域传播。中国电影《全民目击》被韩国翻拍成《沉默的目击者》，原作中跨越时代和地域引发的情感共鸣是吸引韩国公众的主要原因。电视剧《媳妇的美好时代》

在非洲热播也是因为非洲观众想要通过中国影视剧了解中国的生活习俗和中国人的梦想与喜怒哀乐，非洲观众们想通过影视作品认识中国社会，了解中国价值观。《金太狼的幸福生活》《琅琊榜》等优秀电视剧作品也在新加坡、越南以及北美和非洲的国家热播，《花千骨》《锦绣未央》《三生三世十里桃花》等在美国 DramaFever 视频网站的点击量也相当可观。大型美食纪录片《舌尖上的中国》不仅得到中国国内观众的热捧，还在 100 多个国家和地区播出，成为国外观众了解中国美食文化的重要渠道，有效传播了中国的美食文化，让更多外国观众来“品味”中华美食。通过腾讯视频海外站 WeTV 播放的《三生三世枕上书》在泰国、印尼、越南、菲律宾的周播放量第一（指 2020 年 3 月），在北美的 Rakuten Viki 平台也受到海外网民盛赞，甚至被翻译成西班牙语、法语、匈牙利语、印尼语等 10 种不同语言进行推介。中国影视剧在海外热播，一方面得益于中国的改革开放和经济飞速发展，另一方面也与文化差异和外国观众对中国文化的好奇心密不可分。

二、传播渠道的影响

传播方式的差异会对影视文化的传播效果产生影响。伴随着网络媒体的发展和社交媒体的壮大，影视网站成为观众观看影视剧的重要途径。借助网络的力量，大量中国影视剧进入俄罗斯观众的视野，同样也有专业的影视剧译制团队推动了影视剧的跨国传播。中国影视剧国际影响力显著提升，影视是国外公众接触中国的重要窗口。国家广电智库（2019）的调研显示：在“一带一路”沿线国家，中国影视作品（23.5%）是其接触中国文化的最重要因素；而在发达国家，接触中国文化的首要因素是中国影视作品(19.6%)。国外公众对中国影视剧的需求实际上已走到出口“供应”的前面。

中国影视文化传播依托于中外主流媒体的播出平台的合作,2017年,中国影视内容产品和服务出口超4亿美元;截至2018年,中国已与21个国家签署了电影合拍协议。中国与“一带一路”沿线国家的主流媒体签署了合作协议,创办“电视中国剧场”,推动《平凡的世界》《欢乐颂》《鸡毛飞上天》等1 600多部中国优秀影视节目在100多个国家热播。院线建设也大大推动了中国影视作品的传播,这些院线资源处于电影产业链的上游,是影视作品播出的重要渠道。

相较于严格的境外影视落地审核制度和高昂的宣传发行费用,低门槛、高点击、快传播等特性决定了影视网络传播的优势,基于网络媒体和社交媒体的影视文化传播以及相关的文化互渗与理解问题是崭新课题。主流媒体也越来越重视海外业务的拓展,东方卫视和国广东方[国广东方网络(北京)有限公司]等拓展海外OTT(over the top)终端业务,通过互联网为国外用户提供电视内容和应用服务。芒果TV的海外APP促进了中国影视内容的海外输出,中国国际电视总公司、浙江华策影视股份有限公司等也在积极利用海外新媒体平台加强传播。

社会组织也是中外影视文化交流中非常重要的组成部分。中国国际电视总公司牵头成立的“丝路电视国际合作共同体”联合了五大洲多国媒体,由俄罗斯SPB电视公司等来自23个国家和地区的29家主流媒体和制作机构组成,成员及伙伴已发展到59个国家和地区的133家机构。影视文化进出口企业协作体也是由中国国际电视总公司发起的,该协作体在国家提出文化“走出去”战略背景下成立,主要负责推动国内影视机构与海外项目合作，联合参加国内外影视节展和参与评奖，致力于让更多国际友人通过影视节目感知和喜爱中国。中国电视剧（网络剧）出口联盟以做好国际影视创意创作平台、国际影视交流平台、国际影视人才培训平台、影视出口企业孵化平台、国际影视投融资平台和国际影视研究平台为目标，有华策影视、华谊兄弟、新文化、爱奇艺等数十家企业加入，将会员单位的影视剧集中包装、集中输出，运用互联网的力量，以分账的形式成规模地推广中国的电视剧（网络剧），为影视企业“走出去”搭建平台，形成抱团出海态势。

三、政策因素的影响

影视文化产业在提升国家文化软实力方面的作用日渐重要，这一产业不仅具有高回报的经济价值，还因为在塑造国家形象和传播文化价值观方面的作用而被赋予深厚的文化价值。各国非常重视扶持本土影视文化产业的发展，经常通过双边贸易、减免税收等政策推动本国影视作品走向全球。以印度宝莱坞电影为例，其之所以能在全球市场占据一席之地，除印度电影独具特色的民族风情和歌舞元素的审美特质之外，印度政府的政策支持也非常关键。印度大力推行对电影制片人的资金支持政策，鼓励电影产业发展，放开印度电影业吸纳外资进行国际市场开发和拓展的限制，免除印度电影出口创汇的税收，成立专门的外资投资管理顾问委员会，为印度电影在国际市场销售提供资源和平台。作为印度国际贸易出口的重点产业，印度电影业充分运用各种国际电影节来推广和宣传其电影作品，实现了经济和名气的双赢，使印度成为世界第二大电影输出国。

中国文化“走出去”战略是建设文化强国和增强国家文化软

实力的文化建设方针，在《关于加快发展对外文化贸易的意见》（国务院，2014）、《关于进一步加强和改进中华文化走出去工作的指导意见》（中央全面深化改革领导小组，2016）、《关于加强“一带一路”软力量建设的指导意见》（中央全面深化改革领导小组，2016）等文件的引领下，我国对外文化交流日渐频繁，文化传播广度和力度增强，文化贸易势头良好，打造了一批好的影视作品，来讲好中国故事，传播好中国声音。中宣部对外推广局寄语电视出口行业，要善于从中国深厚的传统文化资源和日新月异的发展现实中梳理提炼既彰显中国精神，又融合人类共同价值追求，同时适合影视艺术表现的核心价值理念，通过精致的视听语言将其完美融入作品的故事情节之中，使剧作节目在世界各地的观众中引发广泛的情感共鸣和价值认同。要善于处理“小故事”和“大故事”的关系，既要讲好中国社会在发展进步中不断涌现出的各种生动的小故事，又要把中国故事作为一种带有世界意义的历史叙事投射到更加宏大的历史背景上。要善于挖掘当代中国故事，同时还要注意——提升中华文化影响力不能厚古薄今，要更加重视展示当代中国的发展进步和当代中国人的精神生活。

中国电影海外传播遇到的最大问题就是文化折扣问题，因为外国人看不懂中国电影内容，而影片在译制时也没有考虑接受国的文化背景，无法实现中国文化和接受国文化的有机融合，限制了中国影片的文化输出，电影《赤壁》止步亚洲市场正体现了这个问题。同时，中国缺少开拓海外市场的专业人才，不能为影视作品海外传播提供专业的运作也是中国影片海外传播受阻的一大原因，环球影片公司、派拉蒙影业公司、米高梅电影公司出品的影视作品的海外发行都是由联合国际影业（United International Pictures，UIP）专门负责的，UIP 可以提供整套海外推广和发行的方案。近年来,中国广电系统中被列入“文化出口重点企业和重点项目”年度目录的企业总体上维持在90家左右,这个总量与全系统1万多家的企业数量相比,与大量“走出去”并在国际市场表现出众的企业的实际数量相比,还是较小的。中国在加入WTO之前允许部分外商进入中国电影放映业,2001年增加进口分账片至20部,加入WTO之后,中国的电影市场开放政策有了进一步调整,中美双方于2012年2月18日就解决WTO电影相关问题的谅解备忘录达成协议,引进进口分账片调整至34部,其中增加了IMAX电影和3D电影。电影市场的逐步开放是国际大趋势:日本从“有限开放”到“无限开放”,每年引进电影约500部;韩国放宽配额限制,每年引进电影约900部。

中宣部和广电总局在影视文化产品出口方面给予政策扶持,实施“视听中国——公共外交”播映工程,通过市场数据调研把脉国家市场需求,通过举办电视节、电影节、纪录片节等“中国日”活动推广中国影视作品,并针对当前形势重点实施“走出去内容创作扶持计划”,解决“走出去”内容供给不足的问题,通过创新研发、创作引导、中外合拍等方式,打造更多展现中国价值、符合国际表达的电视剧、动画片、纪录片等内容作品。

针对文化创意产业“走出去”动力不足和资金资源短缺的问题,我国相关部门通过增值税零税点或免税来刺激影视文化产品出口,公示了2019—2020年度国家文化出口重点企业和重点项目名单,对于立项影视企业和作品给予财政部出口奖励及其他配套优惠政策。同时,《境外人员参加广播电视节目制作管理规定》《中外合作制作电视剧管理规定》在修订时也以促进中外影视合作深化为目标,为其提供更完善的法律依据和政策支持。中宣部按照“一国一策”的原则,结合国家外交活动的高端访问、建交纪念日等重要时间节点，推动中国优秀影视作品对外传播，通过视听影像塑造中国文化形象。

第四节 影视文化跨域传播的优势与困境

一、影视文化跨域传播的优势

首先，影视符号形象直观的特点使其更具视觉表现力。影像凭借具体生动的形象拉近了与受众的距离，视觉感知的直观性和语言艺术的逻辑性糅合在影视作品中，使得影视符号的传播兼具审美效果和意义表征。在跨域传播中，印刷传播的文字符号具有复杂性与多义性，容易产生偏差和误解，而语言差异也是文字符号传播的障碍。影视传播更具直观性，在跨域国际交流中优势明显，可以满足人们对多元世界的探索欲，影像与语言相辅相成的视觉传播让影视作品更具表现力，也更容易被受众接受与理解。电影《战火中的芭蕾》中当列车长为了阻止日军枪杀国人而开着火车头撞向敌人的另一列火车时，观众从他的眼神中看到了坚定与决绝，从鹅儿爸爸和其他工友的悲痛中感受到了同仇敌忾和对日军的痛恨。当日本宣布投降时，影片中一个日本士兵蹦着、跳着、跑着，喊着“我要回家了”，非常形象和直观地表达了对战争的厌倦。影片中身穿红裙的鹅儿在白桦林中翩翩起舞，充满浪漫情怀，展示了人们对美好的向往与热爱，甚至使伏击在周围的日本兵在一丝犹豫后才扣下扳机，安德烈对女孩的爱也在其自然而然地挡住枪口的动作中让人动容。两个国家、一段历史、一场战役、一支舞蹈，影片通过刻骨铭心的爱与深入骨髓的恨，通过光影造型和人物表演，诠释了历史，比单纯的文字符号更加形象直观、冲击人心。

其次，影视语言的共通性更利于跨域文化交流。大卫·波德威尔认为，在多元文化的电影环境中，观念、习俗等方面的冲突确实不少，但人类文化的共同点其实比差异点要多。不管电影来自什么国度，各种共通的社会、生理和心理倾向以及流露情感的表情等，都是易被人们理解的。（大卫·波德威尔，2003）平凡日常的生活情境、生老病死的人生体悟、纷繁复杂的爱恨情仇、生动独特的人物形象，这些是来自不同文化背景的人们都可以感同身受和准确理解的，影像可以跨越文化、种族、语言的界限，借助共通的人类情感，通过故事情节和镜头叙事，减少因为各种差异而产生的传播隔阂，实现有效的跨文化传播。

最后，影视文化可以潜移默化地塑造国家形象。一个国家的形象包括政治形象、经济形象、文化形象等，国家文化形象依托于文化传统、文化样态、文化行为等得到展现，在全球电影文化相互碰撞的大环境下，为提升国家文化软实力，民族特色文化成为电影创作者们青睐的电影表达元素。各国对媒体落地都有严格的管控机制，为了让世界更加了解和认可本国文化，塑造好的国家形象，各国十分重视文化渗透力强的影视产品的输出。一些国外电影便是本国宣扬其意识形态的重要媒介，不仅带来了较高的经济收益，也成了本国文化的代言，帮助塑造本国形象，宣传本国价值标准。而中国的功夫符号也是一张世界名片，从李小龙到成龙，从李连杰到甄子丹、吴京，他们在影片中塑造的功夫形象和武侠精神，与不同时代下中国社会的发展相融合，展现了中国人向上进取、不卑不亢的精神，也激发了异国观众的观看热情，使异国观众在观影中形成了对中国形象的认知。民族典故、神话传说、古典乐器、民俗传统都可以提升本国文化辨识度，创作者们可以将它们植入影视作品中，再加上具有感染力的故事情节和具有科技表现力的影视特效，潜移默化地将本国文化和精神培植在观众心中。

二、影视文化跨域传播的困境

跨文化传播自进入学界视野就被认为充满了挑战。德国社会学家西姆米尔用"'陌生人'的相遇"来解释不同文化群体间的文化交流，因为巨大的文化差距往往会产生沟通障碍，进而产生社会距离和边缘人。爱德华·霍尔在《无声的语言》(2010)、布拉德福德·J. 霍尔在《跨越文化障碍——交流的挑战》(2003)以及理查德·D. 刘易斯在《文化的冲突与共融》(2002)中都探讨了跨文化交流中的冲突与调适问题。

在全球一体化进程中，文化符号的有限性和文化属性的区域性决定了必然存在文化偏差与误读，而建设文化包容的命运共同体是人类互通有无、友好交流的基础。随着中俄关系日渐紧密，中俄两国在影视文化领域也开展了更为广泛的合作，通过互办电影节、电影周等形式为两国民众了解异域影视文化提供了渠道，通过影视合拍、演员参演等方式实现了影视制作层面的合作。借助"一带一路"倡议而建设的"媒体交流年""丝绸之路影视桥"等工程，帮助《媳妇的美好时代》《欢乐颂》等影视作品在俄罗斯热播，促进了民心相通。

但是，由于语言、文化习俗、认知习惯的不同等原因，传播者、接受者、文化语境、传播渠道等诸多因素都会对影视文化的传播效果产生影响。在拉斯韦尔传播过程5W模式的基础上，中国学者关世杰(2009)结合斯图尔特·霍尔的解码编码理论绘制了不同语境下跨文化传播的7W模式,如图1.1所示。

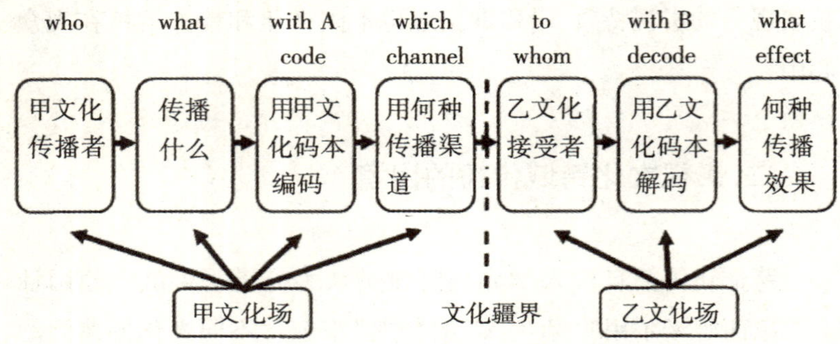

图1.1 跨文化传播文化场中的7W模式

在跨文化传播的7W模式中,传播者和接受者分属不同的文化场域,因编码和解码机制的不同,传播效果会出现偏差。影视文化跨域传播更为复杂,不仅传受双方所在的文化场域会对传播效果有影响,影视语言的编码和解码也使得有效沟通面临更大挑战。

影视文化传播是对影视语言符号进行语义交替编码和解码的过程,涉及符号的编码和意义的生产。导演、编剧、演员等生产者共同构建了影视作品,通过剧情设计、场景安排、表演等途径赋予影视作品“意义”,而受众按照自己的解码规则和习惯进行影视鉴赏。在这一传播过程中,影视生产者的群体结构、社会文化环境、所属组织及文化背景都会影响到影视编码,而受众的自我印象、人格结构和所属群体、所处社会环境等因素也会对其“意义”解码产生直接影响。影视文化传播是极其复杂的过程,因为编码方和解码方不可能完全对等,不同程度的理解偏差必然会出现。因此,不能单一地对其传播效果进行评判,文化背景和既有印象都会影响到影视文化的跨域传播效果。在中俄影视文化传播交流的过程中,可能会存在不同文化场之间的博弈。

当影视生产者和接受者的文化差异较大时,生产者编码构建的影视语言与接受者解码出来的结果往往存在较大偏差。由于无法进行共通意义空间的交流和解读,接受者对生产者所传递的信息可能产生霍尔所说的"霸权-对抗立场",这直接表现为误读、规避甚至干预和阻断其传播。由于意识形态和文化背景的差异,中俄影视作品在对方受众群体中进行传播时,应尽力避免对抗式传播,双方应积极寻求两种文化的契合点,选取能够激发情感共鸣的主题和语言进行影视表达,而找到这一契合点的关键是避免"文化中心主义",实现文化主体间的平等交流。

中俄影视文化的交流与传播具有深厚的历史文化渊源,中国电影早期受苏联蒙太奇学派的较大影响,进入21世纪后,随着中俄双边关系的发展,两国之间的影视文化交流也日渐深入。虽然中俄双方的文化差异仍然较大,但对彼此的文化吸引力也在不断上升,增强了解对方文化的意愿可以为中俄影视文化传播创造便利条件。通过寻找价值观念的共通点、创作题材的普遍性、影视语言的生动性等,中俄两国的影视作品可以最大限度地减小文化差异带来的冲击力。

第五节　文化间性:推动中俄影视合作走向对话

审视中俄影视文化主体间的交融与碰撞,不仅是对全球化语境下提升国家文化软实力的自觉思考,更是对"文化先行"的践行。

文化间性理论认为，跨文化交流的关键是要努力选取一个介于两种文化之间的立足点。通过这个立足点，自身文化界限可被超越，这样就能打破文化的二元对立关系，找到不同文化中的共同点来实现人类表征文化的共享，从而进入其他文化的“意味视界”。影视作品可以承载民族文化，进行文化传播和渗透。作为文化输出的重要手段，影视作品不仅用炫目的视听语言讲述全球通行的叙事母题，也在向外输出一个国家的文化和主流价值观，文化渗透力度之强之大远超其他艺术形式。中俄合作拍摄的影视作品中的民族文化和意识形态内涵可以较为多元，故亟须在异质文化交会处找到中国文化的立足点，从而更好地为塑造和传播中国形象服务。

在中俄影视合作中做好中国形象表达，应深入挖掘民族文化精髓，站在文化间性的视角生产利于跨域传播的文化符号，开发具有共同价值观的作品题材，以满足具有不同文化背景的观众的共同审美情趣。当前，中俄在创作战争题材影视剧方面找到了较好的合作模式，但中俄影视合作还存在类型单一、传播渠道不畅通、受众认知有差距等问题，面对中俄受众在以自我为中心的思维模式下产生的文化冲突，创作者们应淡化主体性，打破以往那种“自我”与“他者”即主客体二元对立的模式，承认差异性，尊重“他者”文化，走向对话、沟通、共融，才能处理好中俄文化的互相认同的问题。

一方面，要在中国丰富的历史文化资源中充分发掘中国文化与俄罗斯文化的关联性，转换文化表达路径，跨越文化鸿沟，求同存异，突破文化逆差，把中国故事讲述成可被俄罗斯观众理解的故事；另一方面，要契合观众的文化期待，紧跟文化潮流变化，在鲜活的当代中国生活中不断发现中俄文化的新的关联部分，在战争片之外探索、创造新的类型模式和美学形态，努力避免类型和样式的单一与重复。应充分发挥民俗、地标性建筑、神话或传说等中国元素在中国形象表达中的作用，针对不同受众群体的特点选取适合的中国形象进行塑造，通过特色化的“中国元素”进行标签化传播，从而实现中俄影视合作的可持续发展。

第二章　中俄影视合作的历史沿革与当代环境

本章以中俄两国关系的演变为背景，梳理了中俄影视合作的发展历程，并将其大致分为引领期、沉寂期、复苏期和发展期，可以发现中俄影视合作经历了多次转型。当前中俄影视合作处于发展上升期，在拓展传播渠道、开展节庆活动、增加影视联合制作等方面取得较好成效。政策环境、渠道环境、国际环境、受众环境是影响影视文化交流与合作的主要因素。

第一节　中俄影视合作的历史沿革

中俄影视合作具有悠久的历史，可以追溯至苏联电影时期。新中国成立后在各方面都得到了苏联的支持，电影成为中苏人民互相了解的宝贵渠道。随着两国外交政策和影视产业发展等方面的变化，中俄影视文化交流的状况也一直在改变。新中国成立70周年来，中俄双方影视合作经历了引领期、沉寂期、复苏期和发展期，体现了两国政治、经济、文化的关系态势。中俄影视合作促进了两国不同民族文化和思想的交融与碰撞，有利于双方构建文化共生格局。新时期影视合作题材更加多元，中俄两国在影视创作、拍摄及发行等层面的合作得到深化，深刻的电影记忆和丰富的电影合作资源为中俄影视的深度合作打下了良好基础。

一、中俄影视合作的发展历程

(一)引领期

新中国成立之初，中宣部明确了电影为政治服务的基本方针，社会主义电影事业的基本属性是国家意识形态话语。因此，这期间电影的创作和生产都由国家统筹，为国家主流政治文化服务，用来塑造国家形象，宣传毛泽东思想，宣传我国革命建设的成就与经验，宣传我国人民革命的精神面貌。(吴迪，2006)电影《新儿女英雄传》主要讲述抗战时期解放区农民在中国共产党的领导下成长为革命战士的故事，弘扬了革命精神。《红旗歌》描写了纱厂工人们通过“红旗竞赛”改造落后分子的故事，使当时不少的工人纷纷效仿。《高歌猛进》为鼓舞工人阶级不断开创新业绩而制作。即使是表现恋爱故事的《陕北牧歌》，主题也重在展现陕北地区土地革命的成果。《儿女亲事》在百姓熟悉的娶亲嫁女故事中深刻揭示了旧式封建包办婚姻对人的残害，而新婚姻法为青年男女的自由婚配铺平了道路。《团结起来到明天》改编自真实事件，描写了上海纱厂工人与反动派做斗争，与人民解放军共同战斗的故事。《翠岗红旗》讲述了江西革命老区的人民与国民党反动派进行艰苦斗争的故事，另外还有《人民的战士》《白毛女》等经典影片，都从不同侧面发挥了为国家意识形态服务的功能。

新中国成立初期，中苏在影视合作方面得到了两国领导人的大力支持，斯大林提议两国合作拍摄彩色文献纪录片，这对于建设新中国社会主义电影文化事业和面向国际宣传中国形象非常重要。苏联中央文献电影制片厂的编导列昂尼德·瓦尔拉莫夫和莫斯科高尔基电影制片厂导演谢尔盖·格拉西莫夫来到北京，与中国的刘白羽、吴本立、徐肖冰等创作人员合作，拍摄了开国大典、中国建筑风光、劳动人民的现实生活等大量镜头，与历史文献镜头整合到一起，辅之以一些战争场面的补拍，完成了《中国人民的胜利》《解放了的中国》两部文献纪录片。（徐文明、杨曦，2018）在当时的国际环境及中国国内形势下，举全国之力拍摄这两部影片可视为一项政治任务，肩负塑造国家形象、鼓舞民心的重要使命。《中国人民的胜利》以解放战争为主线，讲述了中国人民在中国共产党的领导下建立新中国的艰苦奋斗历程，《解放了的中国》以新中国成立后的新生活为重点，描写了人民的幸福生活，从政治、经济、文化等方面介绍了新中国取得的成就。两部作品互为辉映，展现了一个山河壮美、物产丰富、勇敢抗争、不畏强敌的中国形象，两部影片中不仅有历史事件，还有高山大川、工厂田地等具象因素，更有反映中国的主张和中国人民思想的意识形态因素，成功实现了再现中国解放战争历程、宣传新中国形象的设想。这两部影片不仅得到了两国政府层面的高度重视，得以大范围进行宣传和展播，也得到了茅盾、夏衍、袁牧之等文艺界人士的高度认可，他们肯定了苏联电影工作者在影片制作中的突出贡献。这两部文献纪录片作为中苏电影人合作的结晶，获得斯大林奖金一等奖。两部纪录片通过强烈的感染力在国际上宣传了中国共产党、新民主主义革命和社会主义建设事业，促进了中国积极正面的国家形象的海外传播。受这两部纪录片的影响，苏联中央文献电影制片厂和中国北京电影制片厂联合拍摄制作了《锦绣河山》系列彩色纪录片，其中格拉西莫夫导演的约 19 分钟的《人民的上海》为观众呈现了新中国成立后上海的喜庆、祥和的氛围，以及人民以高度的热情和饱满的精神投入到新中国建设中的场景。

新中国成立初期,中苏电影人交流频繁。从 1949 年到 1958 年,102 部中国影片在苏联上映。以当时电影事业的发展走在全国前列的上海为例,1949 年 10 月 21 日,苏联电影摄影队制片主任库兹涅佐夫,副导演伏尔克,摄影师拉波波尔特、马卡谢也夫、哈弗琴和录音师聂斯特罗一行 6 人来到上海,与中国电影工作者展开合作,拍摄《上海的一日》。1950 年 10 月 17 日,苏联莫斯科高尔基电影制片厂导演格拉西莫夫在大光明电影院与上海的电影工作者见面。1955 年 5 月,苏联电影艺术总顾问茹拉夫廖夫、总工程师别力亚耶夫等人来到上海电影制片厂,对一些艺术及技术问题提出建议。1954 年 6 月至 9 月,中国电影考察团赴苏联考察电影事业。1954 年 9 月,中国电影工作实习团赴苏联莫斯科电影制片厂学习彩色宽银幕立体声影片的摄制工艺。同时,因为中苏友谊及电影的社会主义性质,中国电影作品有机会被引入苏联等社会主义国家进行播映。1951 年,苏联在 30 个大城市举办了“中国电影周”,《中国人民的胜利》《解放了的中国》《翠岗红旗》《团结起来到明天》《白毛女》等影片进入了苏联人民的视野,其中《中国人民的胜利》《解放了的中国》引发了强烈共鸣。1954 年 12 月,苏联的很多城市同时举行“中国电影展览周”,其间放映了《斩断魔爪》《智取华山》《龙须沟》《鸡毛信》等中国影片,约有 1 200 万观众观看。(胡凯,2018)这些影片中为了新中国而勇敢斗争的坚毅英雄形象,让苏联观众更加了解中国,在中国共产党领导下的工人、农民的形象愈发鲜活起来,中国人民的生活也得到了生动的展现,在苏联引起观影热潮。① 1956 年 10 月,在苏联

① 传取材于 1956 年 10 月 9 日苏联“真理报”,10 月 2 日、9 日“苏维埃文化报”。

举办的“第三届中国电影展览周”放映了故事片《为了和平》《怒海轻骑》《董存瑞》《梁山伯与祝英台》，苏联导演格拉西莫夫观看了《为了和平》，评价其证明中国电影已进入新的发展阶段。随着这些带有鲜明时代特色的主旋律电影的展映，为了解放而顽强抗争、不屈不挠的中国人民形象和朝气蓬勃、充满向上力量的中华民族形象逐渐树立起来，电影成为苏联人民认识中国的窗口。

中苏在纪录片及战争主题影视合作方面成绩斐然。1949 年，东北电影制片厂译制了苏联影片《普通一兵》，同年 9 月，中国与苏联合作拍摄了大型纪录片《中国人民的胜利》和《解放了的中国》。1950 年，中国译制引进影片 60 部，中苏两国合作完成《中国杂技团》《长江大桥》，随后，苏联中央文献电影制片厂和北京电影制片厂联合摄制的故事片《风从东方吹来》取得成功。周恩来总理为 1952 年的“苏联影片展览月”亲自题词“学习苏联电影事业的经验，更好地为人民服务”。1949 年新中国成立后到 1966 年“文化大革命”这十七年（以下简称“十七年”）间，中国引进苏联影片 400 余部，占引进外国影片总量的 49%。当时的群众性电影读物《大众电影》自 1950 年创刊到“文化大革命”前出版了 306 期，发表了大量苏联译制片的相关信息以及电影译制片理论研究的相关文章，近三分之一的封面选用的是苏联进口影片镜头。（李国顺，2010）

中国城乡影院放映是苏联电影流通的主要渠道，看电影是当时的人们最常见和热衷的文化娱乐方式。电影院经常放映进口译制的苏联影片，如《团的儿子》（中译名《小英雄》）、《列宁在 1918》、《母亲》等渲染爱国主义和英雄气概的影片，对鼓舞士气和推动各行业发展有巨大作用。农村和工厂也经常播放露天电影，百姓携老扶幼全家观看是当时的盛景。针对社会主义建设的需要，引进的苏联影片的类型逐渐丰富起来，除了历史题材影片和革命战争影片，反映工农业建设的纪录片、科教片、动画片等也被引进中国。中国引进和译制了大量苏联电影并学习其创作理念，《这里的黎明静悄悄》《列宁在1918》《莫斯科不相信眼泪》等苏联影片对中国影视创作的影响很大，王家乙导演的影片《葡萄熟了的时候》模仿了苏联影片《幸福的生活》，《南征北战》《聂耳》《白毛女》《战火中的青春》等影片在战争场面描写、人物塑造和拍摄手法等方面学习借鉴了《攻克柏林》《列宁的故事》《丹娘》等影片的创作经验。（李国顺，2010）除了蒙太奇手法和社会主义现实主义创作原则，伴随影片传播的还有苏联社会主义的文化价值观。《钢铁是怎样炼成的》中的保尔·柯察金、《夏伯阳》中的夏伯阳、《乡村女教师》中的瓦尔瓦拉·瓦西里耶夫娜等英雄和正面形象也被中国观众熟知，甚至成为青年学习的榜样，鼓舞着青年用自己的青春和热情为祖国服务。《喀秋莎》《红莓花儿开》《莫斯科郊外的晚上》等电影主题曲也被人们传唱。

据长期从事中苏文化交流研究的梁沈修介绍，20世纪50年代，苏联对中国电影事业非常支持，无偿提供电影教学及观摩片，还将获得奥斯卡奖的作品无偿转送中国译制发行。苏联影片主要通过五种方式进入中国，即以货易货贸易的余额补偿、苏方主动赠送放映、苏方影片制作人员免费赠送拷贝、应中方要求提供拷贝、双方进行影片交换。其中“应中方要求”占主导，中国根据社会主义建设需求曾引进过改编自高尔基小说三部曲的影片、《青年近卫军》、《卓娅》等。（梁沈修、唐旻红，2007）洪宏在《苏联影响与中国“十七年”电影》中系统研究了中国“十七年”电影在苏联的影响下如何形成突出革命精神的人民电影特色，因为具有相同的政治意识形态，中国“十七年”电影的剧本创作、艺术特性等都受到苏联影响，尤其是革命历史题材电影和现实喜剧电影更能管窥其审美机制。

（二）沉寂期

20 世纪 60 年代初，中苏两国鲜有文化交流；“文化大革命”时期，中外电影交流基本停滞，苏联观众极少看到中国影片，中国观众也鲜少看到苏联影片，中苏两国更没有影视合作。

（三）复苏期

“文化大革命”结束后，中国实行改革开放政策，对外宣传工作重新启动。中国开始主动与其他国家进行政治、经济、文化交流，以树立中国新形象。1979 年，中国电影家协会明确提出要通过举办电影周、国际电影节来加强国际电影交流。

20 世纪 80 年代开始，中苏文化交流逐渐复苏，1984 年，中国上海导演黄蜀芹带影片《青春万岁》参加了苏联第八届塔什干国际电影节并获纪念奖，重启了中苏电影交流。1986 年及 1988 年，中国导演又连续参加了第九届和第十届塔什干国际电影节，在第九届塔什干国际电影节上，吴荫循的故事片《流浪汉与天鹅》及短纪录片《希望的窗口》（第一集、第三集）获得了苏联学者和人民的喜爱，他们肯定了影片的人道主义主题和纪录片的改革主题。《流浪汉与天鹅》的女主角吴丹获得了最佳女主角奖，苏联《真理报》将吴丹的半身照作为电影节开幕报道的配图，塔斯社、塔什干电视台及电台、《消息报》、《苏维埃文化报》、《乌兹别克共青团员报》、《东方真理报》等主流媒体都对影片及创作团队进行了报道。值得一提的是，影片通过对杏花、刘望湖等人物的性格和命运的描写，传达了来自不同文化背景的观众都可以理解和接受的主题，因此引发了苏联民众的强烈共鸣，导演吴荫循说：“我们体会到，影片中多一点中国风味、中国特色，反而能引起外国人的注意。”（吴荫循，1986）具有中国传统艺术特色的情景交融、诗歌意境也受到电影界人士的肯定。在国际文化交流中，电影作用的发挥得到了政策层面的推动，袁文殊在中国电影家协会第五次会员代表大会上就提出“电影是国际语言，……为了‘四化’建设，实行对外开放的时候，我们必须通过银幕向世界展现我国人民在大改革浪潮中的腾飞气概和生活节奏，展示新中国的新的形象”。（袁文殊，1985）1986 年 6 月，时任文化部副部长的丁峤带领导演白沉和斯琴高娃等人到苏联访问，与苏联电影家协会的著名导演格拉西莫夫、丘赫莱伊、邦达尔丘克及著名演员斯米尔诺娃、阿莲托娃等进行了深入交流，还访问了各电影制片厂。中苏双方约定每年选送影片交换进行播映，中方向苏联电影发行公司购买了《解放》《莫斯科不相信眼泪》《办公室的故事》《这里的黎明静悄悄》《两个人的车站》《战争与和平》等，这些影片在中央电视台播出，同时也成为当时中国电影界的学习影片。

20 世纪 90 年代初，苏联解体后，西方影视作品大量涌入俄罗斯，中俄双方互访和影视交流活动并未中止，从以单向传播为主转变为政策推动下的双向传播。1992 年 12 月，中俄签署了《中华人民共和国政府和俄罗斯联邦政府文化合作协定》，约定双方鼓励两国电影机构合拍影片、介绍和译制对方影片、互派电影工作者和专家访问。这一时期，我国的对外宣传工作的任务是向全世界介绍中国，为中国树立良好的国际形象，因此对外输出电影是对外宣传的一部分，肩负展现中国发展新成绩和新风貌的任务。1993 年，中俄新闻出版和影视等领域代表团多次互访；1996 年 10

月 11 日至 23 日，中国电影局特种电影技术考察团考察俄罗斯特种形式电影；1997 年 10 月，中国文化部副部长率领中国政府文化代表团、文化部代表团等 13 个团组共 145 人赴俄参加“中国文化节”；1999 年 5 月 20 日至 31 日，中国电影家协会代表团访问俄罗斯，双方交流合作活动日渐频繁。由于政策导向为宣传第一，所以那时的中国影片在内容建设方面还缺乏针对性，俄罗斯观众更多地被好莱坞影视的酷炫吸引，中国影片跨文化传播收效甚微。

中俄影视主要的合作形式是中方去俄罗斯本土取景以及翻拍中国人耳熟能详的苏联经典作品。1995 年，叶挺将军后代叶大鹰先生导演的《红樱桃》反映了第二次世界大战期间中国革命者后代在苏联的遭遇，首开中俄电影合作的先河，这部影片也是颇具影响的合拍片之一（1996 年获第 16 届中国电影金鸡奖最佳故事片奖、第 19 届大众电影百花奖最佳故事片奖），影片的主创、资金、发行等都带有明显的“中国制造”标签，同时套拍的 20 集电视连续剧《血色童心》也在俄罗斯拍摄完成。由北京电影制片厂拍摄，徐庆东导演，冯巩、牛振华主演的《狂吻俄罗斯》在俄罗斯阿穆尔州布拉戈维申斯克市和中国黑河市取景，以中俄边贸为题材，描写了 20 世纪 90 年代中国“倒爷”的外贸生活与情感心路历程，反映了当时的一些人们在追逐物质财富的道路上出现的不当行为，也通过主人公大江和俄罗斯姑娘卡嘉的爱情深化了主题。1995 年，长春电影制片厂和北京唐龙文化发展有限责任公司联合摄制了 16 集电视连续剧《爱在莫斯科》，该剧由俄罗斯奥斯坦基诺国家电视广播公司协助拍摄，观众在这部电视剧中看到了莫斯科红场、普希金广场、阿尔巴特大街以及圣彼得堡的冬宫、夏宫，感受到了俄罗斯独具特色的风光和生活气息。该剧由中俄双方演员共同出演，讲述了中俄两国人民几代人之间发生的故事和美好情感，通过经济改革大背景表现了人们的思想转型以及情感变化。同样在 1995 年，根据北京—莫斯科国际列车上发生的真实事件改编而成的故事片《中俄列车大劫案》也和观众见面了，真实演绎了中国公安与俄罗斯警方联手打掉四个犯罪团伙的故事。

（四）发展期

进入 21 世纪后，中俄影视合作更加有政策保障，互办电影节、联合摄制影片更加常见。2002 年，中国新闻出版总署颁布了《新闻出版总署关于贯彻落实〈关于深化新闻出版广播影视业改革的若干意见〉的实施细则》，该细则提到了“走出去”战略，旨在让世界了解真实的中国，发挥中国电影传播民族文化和塑造中国形象的作用。电影的文化属性和商业属性使其成为文化输出的排头兵，被赋予提升国家文化软实力的重任。中国先后设立中俄电影文化交流中心和中俄人文合作委员会媒体合作分委会，促进了中俄影视的深度合作。

1. 影视传播渠道更加畅通

2001 年 9 月，俄罗斯联邦新闻出版、广播电视和媒体部组团访华，与中国国家广播电影电视总局商议两国在广播及影视领域的合作问题。（李湘艳，2014）中俄总理签署的《中俄总理第六次定期会晤联合公报》确定了中俄双方定期互办文化节的举措；2002 年，中俄媒体合作工作小组成立，推动了双方电影合作计划的开启；2008 年，中俄电影合作工作小组升级为中俄电影合作分委会，为双方影视合作提供了机构保障，两国定期开展电影领域的交流活动，推介本国电影行业的发展情况，并推动具体的影视合作项目落地。2013 年，中国国家新闻出版广电总局实施“丝绸之路影视桥”工程，该工程于 2014 年 3 月正式启动，聚焦国内相关机构与丝绸之路沿线国家的影视项目合作，推动中国电影译配对外传播和渠道扩展。至2015年，中国已经与丝绸之路沿线国家合拍纪录片《丝绸之路经济带》《海上丝绸之路》《阿穆尔河：亚洲的亚马孙》以及故事片《大唐玄奘》《功夫瑜伽》等多部影视作品。“中国影视剧对象国本土化语言译配”项目推动了大量中国影视剧的对俄传播，近年我国共储备了1 600多部、6万多个小时、将近40个语种的优秀中国译制作品，实现了在全球150多个国家的播出。（张海燕、王博，2020）6集纪录片《创新中国》就是“中国影视剧对象国本土化语言译配”第五期完成的项目，该纪录片涵盖了中国科技的最新成就，记录了中国在信息、制造、能源、空间与海洋等领域的创新成长历程，面向俄语国家播出，展现中国创新精神。

中央电视台于2009年开播的俄语国际频道在影视作品对俄传播方面发挥了桥梁作用，同步开播的央视网的网络电视俄语频道也为俄罗斯网民提供了大量译配影视剧，为《大女当嫁》《和空姐一起的日子》《张小五的春天》《没完没了的爱》《金太狼的幸福生活》《一日夫妻百日恩》《男才女貌》《幸福来敲门》《新上门女婿》《一路格桑花》《深白·再婚进行时》《香樟树》《红莓花儿开》《裸婚时代》等31部电视连续剧加上俄语配音和字幕进行播放。2016年12月31日，中央电视台旗下的中国环球电视网（China Global Television Network，CGTN）正式成立，专门为全球受众提供多语种节目。该机构成立是中国形象对外传播观念革新的体现，便于更有针对性地为俄罗斯民众提供俄语译制影视作品。电视剧版块译配了反映中国家庭生活、职场生活、情感心路的《都挺好》《欢乐颂》《小别离》《放弃我，抓紧我》等11部近500集电视连续剧。同时，中国国际电视台俄语频道译配了纪录片50余部共200多集对俄传播，有展现中国壮美山河的《航拍中国》《庐山：人文圣山》《大美青海》，展现中国美食文化的《舌尖上的中国》《寻味顺德》，展现中国在保护生态环境方面的忧思与担当的《湿润的文明——中国湿地纪行》《丹顶鹤》，展现中外友好关系的《互信半世纪 越来越“中意”——献给中意建交五十周年》《爱的海洋，我的家》《我们在一起：中意携手、同心抗“疫”》《中非合作新时代》，记录中国在抗疫期间所做的努力和展现的中国精神的《同心战“疫”》《生死之间》，以及展现中国创新科技力量的《超级工程》，体现中国传统文化博大精深的《手艺》《故宫》《大戏黄梅》，记录中国村落生活中传承传统美德的《乡愁》。总之，CGTN译配的这些纪录片涵盖了政治互信、城市发展、戏剧曲艺、民风民俗、美食文化、社会生活、生态环境、公共卫生等方方面面，全方位展示了中国形象。

俄罗斯主流媒体也更加关注中国动态，通过影像来传递中国印象。俄罗斯最大的电视媒体机构俄罗斯第一频道在2016年开播了一档全新的纪录片栏目《发现中国》，旨在向俄罗斯观众介绍中国社会各领域的发展成就，内容涉及政治、经济、文化、民生等各方面，拥有较高的收视率。这个栏目的主持人是熟悉中国生活的叶夫根尼·科列索夫，在纪录片中他自称“叶叔”，以第一视角进行实地探访的形式让俄罗斯观众“跟着叶叔走中国”，用自由轻松的方式讲述在中国的见闻，形式生动，内容新颖。中国菜、中式婚礼、中国农村、“和谐号”动车、绍兴黄酒等都引起了俄罗斯观众的兴趣，这个节目掀起了“中国热”，不少俄罗斯观众想到中国来亲身参与节目中的“中国味”活动。中俄合拍的《这里是中国》系列纪录片也站在俄罗斯观众的视角进行选题，向俄罗斯观众介绍了中国的城市发展、熊猫、京剧等“中国元素”。在新中国成立70

周年之际,俄罗斯拍摄制作了《重生——苏联摄影师眼中的中国》,六集纪录片分别在俄罗斯第一频道、俄罗斯第四频道及中央电视台纪录频道播出,用"蜕变""奇迹"向世界展示中国的变化,俄罗斯专家讲述了中国故事,俄罗斯民众也通过纪录片看到了中国城市的繁华和人民生活水平的提高,唤起了中苏情感的追忆。

2. 中俄互办电影节推动了双方影视合作与交流

进入 21 世纪后,中俄互办电影展和参加对方电影节的传统得以延续,以此拓展了双方的影视合作渠道,对提高对方影视作品在本国的知名度和美誉度发挥了重要作用。2004 年 9 月 24 日,哈尔滨市政府与布拉戈维申斯克市政府联合举办了"阿穆尔之秋电影周";2005 年,中俄两国联合举办"中俄电影周"和"中国电影节";同年,中国电影《疯狂的石头》和《绿草地》获莫斯科儿童和青少年国际电影节"金天鹅"奖;2007 年,中国国家广电总局与俄罗斯联邦文化与电影署先后举办了五次中国电影展映活动,放映了《我的梦》《云水谣》等多部中国优秀影片;2008 年,俄罗斯影片《陌生的亲情》获上海国际电影节最佳影片金爵奖;同年 5 月 27 日至 6 月 5 日,"俄罗斯电影展"在北京和三亚举办,放映了《女演员》《库卡》《爱情合约》等 6 部影片;2010 年,第 32 届莫斯科国际电影节"中国电影周"期间展映《神女》等 7 部电影;中国电视剧《对手》《大唐女巡按》和电影《异度公寓》《午夜心跳》分别在第 12、13、14 届莫斯科国际侦探电影节获奖;2013 年 5 月 27 日至 6 月 4 日,中国国家新闻出版广电总局与俄罗斯联邦文化部联合主办"2013 年俄罗斯电影节",展映《中国合伙人》《一代宗师》《十二生肖》《一九四二》《失恋 33 天》《飞跃老人院》《萧红》《索道医生》等中国影片,展映《母亲》《圣诞树》《石头》等 10 部俄罗斯影片;同年 6 月 27 日,莫斯科中国文化中心与北京国际电影节建立合作。(李湘艳,2014)自此以后,每年由中国国家新闻出版广电总局和俄罗斯联邦文化部联合举办中国电影节和俄罗斯电影节,至少在两个城市举行电影展映及文化交流活动。2016 年,莫斯科、顿河畔罗斯托夫两个城市举办了中国电影节,展映《绝地逃亡》《卧虎藏龙之青冥宝剑》《狼图腾》等 7 部优秀中国电影。2016 年 9 月,俄罗斯历史文化名城梁赞市举行了中国电影节,展映了《大红灯笼高高挂》《无间道》《赤壁》《海洋天堂》《催眠大师》《铁道飞虎》等 12 部中国影片。(汪嘉波,2018)2017 年,电影《王朝的女人 · 杨贵妃》《山河故人》《三城记》《解救吾先生》《第三种爱情》《刺客聂隐娘》在莫斯科和叶卡捷琳堡放映。2019 年,《流浪地球》《长城》《功夫瑜伽》《从你的全世界路过》《非凡任务》等影片在圣彼得堡和莫斯科取得了广泛关注,其中《流浪地球》被俄罗斯主流电影网站重点推送。中国电影节向俄罗斯观众呈现了中国电影的发展面貌,使其对中国形象的认知更加丰富立体。2013—2019 年,中俄互办的电影节总计展映中国影片 60 余部,展映俄罗斯影片 50 余部(2013—2019 年中国举办的俄罗斯电影节的具体情况可参见表 2.1),取得了较好的传播效果。除中俄互办电影节的传统外,主题性电影展映也非常活跃。2019 年 2 月,圣彼得堡、莫斯科和新西伯利亚举办首届中国现代电影节,该电影节着眼于中国现代电影的最新发展动态,向俄罗斯民众从专业性和趣味性的角度出发推介中国现代影片,在影院以中文配俄文字幕的形式展映了《江湖儿女》《北方一片苍茫》《肋骨》《大象席地而坐》《撞死了一只羊》等影片。圣彼得堡大学孔子学院院长梅利尼科娃肯定了中国现代电影的全球视野,展映的影片中所探寻的孤独、家庭关系、社会边缘化等问题可以引起人们的共同思考。2020 年 12 月,第 33 届中国电影金鸡奖系列活动“2020 厦门·俄罗斯电影周”展映了《雪暴》《魔鬼的精神》《目睹者》《幻影》等6部俄罗斯影片。2020年12月,在莫斯科、圣彼得堡和新西伯利亚举办的“中国新电影节”活动选取了《八佰》《花这样红》《一点就到家》《白蛇:缘起》《不止不休》《气球》这6部影片展映,让俄罗斯观众了解中国现代电影时尚。

表2.1 2013—2019年中国举办的俄罗斯电影节总况

时间	地点	主办方	展映影片
2013年5月27日—6月4日	北京,上海	中国国家新闻出版广电总局与俄罗斯联邦文化部联合主办	10部俄罗斯影片:《母亲》《圣诞树》《我会守着你》《石头》《间谍》《5个新娘》《生死足球赛》《女倾慕者》《寻宝者》《男式女子足球队》
2014年5月19日—5月24日(北京),2014年5月22日—5月27日(济南)	北京,济南	中国国家新闻出版广电总局电影局与俄罗斯联邦文化部	6部俄罗斯影片:《冠军》《好孩子的国家》《黑暗世界》《少校》《说曹操曹操到》《来自天堂的信使》
2015年9月8日—9月14日(北京),2015年9月11日—9月17日(大连)	北京,大连	中国国家新闻出版广电总局与俄罗斯联邦文化部联合主办	7部俄罗斯影片:《塞瓦斯托波尔保卫战》《第一小分队》《爱情大冒险》《铁人伊万》《黄金地带》《敢死营》《生死22》

续表

时间	地点	主办方	展映影片
2016 年 6 月 1 日—6 月 9 日	北京，西安	中国国家新闻出版广电总局和俄罗斯联邦文化部联合举办	7 部俄罗斯影片:《冠军:更快、更高、更强》《幽灵》《挪威人》《翻译》《来去无踪》《绿色轿车》《发现》
2017 年 6 月 15 日—6 月 25 日	北京哈尔滨，	中国国家新闻出版广电总局和俄罗斯联邦文化部联合举办	纪录片《天气预报》北京展播;7 部俄罗斯影片:《破冰船》《俄罗斯之锤》《爸爸做的早餐》《离春天还有三天》《地震》《医生》《大村庄的热情》
2018 年 7 月 13 日—7 月 28 日(北京)，2018 年 7 月 15 日—7 月 21 日(武汉)	北京，武汉	中国国家电影局和俄罗斯联邦文化部联合主办	7 部俄罗斯影片:《太空救援》《大剧院》《决斗者》《冻伤的鲤鱼》《大片》《暗夜守护者》《死亡之舞》
2019 年 4 月 14 日—4 月 21 日	北京，苏州	中国国家电影局和俄罗斯联邦文化部联合举办	7 部俄罗斯影片:《草稿》《没有我》《瘦身大战》《坦克》《无往不胜》《不可饶恕》《亚历山大 · 赫里斯托弗洛夫的永生》

3. 中俄联合摄制影片取得新突破

中俄联合摄制影片方面取得了突破性进展。2005 年，中国国际电视总公司与俄罗斯合作拍摄了 19 集电视剧《这里的黎明静悄悄》，将苏联著名作家鲍里斯·瓦西里耶夫的中篇小说《这里的黎明静悄悄》改编后搬上荧屏。该剧由毛卫宁、张光北导演，所有拍摄和制作人员都是中国人，由阿·叶·索科洛夫、特·亚·奥斯塔普等俄罗斯演员主演，200 多个群众演员也全部为俄罗斯人，这是继《钢铁是怎样炼成的》之后第二部全部由俄罗斯演员出演、中国团队制作的电视剧。该剧是中俄影视合作的结晶，表达了反对战争、祈求和平的主题，为纪念反法西斯战争胜利 60 周年而创作，在央视一套黄金档播出。2006 年，中国、俄罗斯、哈萨克斯坦、德国合作拍摄了电影《蒙古人》。2007 年，中国电影集团公司引进并发行了俄罗斯影片《密码疑云》；中央电视台电影频道购买了《安娜·卡列尼娜》、《生死倒计时》和《西伯利亚理发师》等 16 部俄罗斯影片的版权。2010 年，北京中北电视艺术中心有限公司与俄罗斯 REN-TV 电视台联合出品了《猎人笔记之谜》，中俄演员联袂打造了这部充满俄罗斯传奇人文色彩和中国功夫等文化元素的电视剧，在俄罗斯和东欧国家的主流电视媒体的黄金时间播出，获得了观众的一致好评。2017 年，中俄签署了关于联合制作电影的协议，为两国在电影拍摄领域的合作奠定了基础，两国的文化交流与合作迈上了新台阶。《猎人笔记之谜》及后续合作拍摄的《战火中的芭蕾》《这里是中国》《列宁和他的中国卫士》《冰雪女王 3：火与冰》《中国游记：龙牌之谜》《战斗民族养成记》（电影）等影视作品，大量涉及两国文化元素的碰撞与交融，促进了两国影视的深度合作与两国人民的深入了解，得到了普遍认可。将影视文化产品作为载体和手段进行文化交流，可以促进民心相通，传递彼此的价值观念，引起两国人民的共鸣。

随着中俄政治、经济、文化的深入交流，中俄影视合作日渐紧密，“一带一路”倡议的推行在凝聚中俄文化共识、构建中俄影视行业市场体系、营造影视文化交流氛围等方面发挥了积极作用。学界也非常关注“一带一路”沿线国家与中国的影视合作与交流，以陈旭光的《试论中俄电影文化的几次“交集”——兼及对中俄电影未来发展空间的思考》(2015)和李湘艳的《当代中俄电影合作研究》(2014)为代表。陈旭光指出，中俄新一代导演和受众成长于一个以美国电影文化影响为绝对主导的时代，俄罗斯文化在中国电影中的体现及中国电影的对俄传播都面临巨大挑战，中俄电影应深化合作及交流。李湘艳主张中俄电影开展深度合作应重视政府推动，根据受众需求进行有针对性的电影创作，对两国合作拍摄的影片进行细致的文本分析更有利于中俄影视合作。

通过对中俄影视合作的历史沿革及现状进行分析，可以发现，中俄影视合作具有深厚的文化底蕴，随着两国政治、经济、文化的多元合作不断深化，在“一带一路”倡议的影响下，中俄影视的合作体裁日渐丰富，合作机构不断拓展，传播渠道更加通畅。加强中俄电影创作及交流活动，有利于打破文化壁垒，这一举措不仅是中国电影“走出去”战略中的关键环节，也是推动中俄双方展开文化交流的重要组成部分。

俄罗斯是中国开展对外文化交流和推动构建人类命运共同体的新时代全面战略协作伙伴，“一带一路”倡议为中俄在影视文化领域的合作提供了契机。近年来，中俄合拍片的数量不断增加，中俄影视合作机制日渐规范，但中俄民众间的文化理解和认知还未能深入，两国民众的文化亲近感还需增强。

第二节　中俄影视合作的环境分析

一、政策环境

中俄关系的发展及“一带一路”倡议的提出是中俄影视合作的助推器。“一带一路”不仅助推经济合作发展，而且促进文化发展和传播。俄罗斯作为“一带一路”沿线具有悠久文化积淀的国家，与中国拥有友好交往的历史记忆和强烈的共同发展的诉求。《推动共建丝绸之路经济带和21世纪海上丝绸之路的愿景与行动》提出：“沿线国家间互办文化年、艺术节、电影节、电视周和图书展等活动，合作开展广播影视剧精品创作及翻译……”影视语言不仅可以传播民族文化，更是“民心相通”的桥梁，通过影视形象能够呈现中国形象，促进区域交流与合作。

“一带一路”倡议的施行为中俄影视合作提供了政策环境，《国家广播电影电视总局关于广播影视“走出去工程”的实施细则（试行）》《关于进一步加强和改进文化产品和服务出口工作的意见》《文化产业振兴规划》都为中国影视对俄输出提供了保障。中俄两国高层互动频繁，推动了中俄影视文化合作的深入。2017年，中俄两国签署了联合制作电影协议，加大引进影片及合作拍摄的力度，确立了《战斗民族养成记》《中国游记：龙牌之谜》等合拍项目。民心相通的关键在于文化相通，影视作品无疑是推动两国人民心意相通的最佳文化载体。作为中俄文化交流与传播的重要载体，中俄合拍影视作品在展现中国元素、介绍中国历史文化和民族精神方面可以发挥传播作用。很多中国观众通过《战争与和平》《这里的黎明静悄悄》《莫斯科不相信眼泪》等经典电影感受着中俄两国人民的历史友谊，而《火海凌云》《斯大林格勒》《中国游记：龙牌之谜》等影片更新了当代中国观众对俄罗斯文化的认知，《莫斯科行动》《囧妈》等越来越多的中国影视作品在俄罗斯取景，呈现更丰富的俄罗斯文化元素。

二、渠道环境

中央电视台2009年开播了俄语国际频道，通过卫星传播，俄罗斯可以24小时接收到该频道播放的电视节目，该频道以新闻为主打，以文化、服务及娱乐节目为辅助，共设有新闻、专题、娱乐和教学4大类共计16个栏目。新闻类栏目有5个，分别为《综合新闻》《财经新闻》《亚洲新闻》《中国新闻》《会客厅》；专题类栏目有11个，分别是《放映厅》《纪录片》《印象中国》《旅游指南》《中国厨艺》《学汉语》《综艺荟萃》《想挑战吗》《财富故事会》《每日一歌》《问与答》。同时央视网设有网络电视俄语频道与电视频道同步，可以为俄语受众提供点播服务和互动平台。“Телесериалы”放映厅作为俄语频道的主要版块，播放中国当代题材电视剧，如《香樟树》《没完没了的爱》《张小五的春天》《红莓花儿开》《幸福来敲门》等多部电视剧，配有俄文字幕供俄罗斯观众收看。“Документальные фильмы”纪录片版块则重点推介反映中国经济文化及风土人情的专题纪录片，在传播中国文化和塑造中国形象方面发挥了重要作用，播放的内容主要包括以下纪录片：18集纪录片«Путешествие по звукам»，该片推介了北京、南京、苏州等地的旅游文化景区；4集联合国系列纪录片«Организация Объединенных Наций»，该片以《文明之路》《返回联合国》《正义与尊严》《合作与互惠》为主题；展现青藏高原风土人情的6集纪录片«Крыша мира»(《世界的屋顶》)，包括《生命旅行》《神奇的土地》《高地之歌》《最高水域》《山的孩子》《相遇高原》。25集聚焦中国手工艺的纪录片«Мастерство ремесленников»向俄语观众介绍了中国的瓷器、木雕、龙舟、泥塑、造纸、舞龙、捏面人等传统手艺。追忆历史的4集纪录片«Свет и тьма»(《光明与黑暗》)以及20集纪录片«Китайские коммерсанты»(《中国商人》)介绍了不同时代中具有代表性的范旭东、盛宣怀、郑观应等中国商人的创业和成长故事，对广东、安徽、陕西、山西、上海等地的商业发展情况进行了展示，折射了中国的商业文化。此外还播映了《舌尖上的中国》《西安2020》《行走西藏》《我到新疆去》《再说长江》《桥与城》等大量纪录片。

除了以俄语频道为代表的官方媒体传播渠道，还有国广子行传媒(北京)有限公司等影视译制机构致力于影视作品的跨国传播，这些机构将中国优秀的影视剧和纪录片翻译成俄语进行对外传播：译制了俄语版《我在故宫修文物》，这部纪录片讲述了故宫里的书画、青铜器、宫廷钟表、木器、陶瓷、漆器、百宝镶嵌、宫廷织绣等领域的稀世珍奇文物的修复过程和修复者的生活故事；译制了大型纪录片《东方主战场》，该片讲述了中国抗日战争时期的历史，展现了中国在世界反法西斯战争中的重要作用和地位；译制了十部优秀的自然类纪录片，在纪录片《迷雾森林》中用俄语带领世界范围内的观众深入神农架原始森林，为观众讲述了中国金丝猴的故事，展现了金丝猴所处的生态环境，揭示了这一古老物种所面临的生存危机；译制了展现中国抗"疫"力量、记录逆行者影像的纪录片《见证》，以及医护人员在ICU里与死神赛跑抢救病患生命的《生死之间》，向世人展示了中国医护人员的责任与担当；

译制了电视剧《小别离》《小舍得》的俄语版，生动展示了中国式教育。

2017 年 12 月，“CRI(China Radio International，中国国际广播电台)俄语广播”认证了“中俄头条订阅号”，以更好地传播中俄经济文化信息。中央广播电视总台和“今日俄罗斯”国际新闻通讯社共同推出了中俄头条移动客户端，通过双语资讯移动电台和视频直播推动了两国文化交流活动的开展，对中国影视剧的传播也起到了促进作用。2018 年 12 月，由中央广播电视总台国广策划制作的 100 集俄文版《西游记》多媒体产品在俄罗斯正式推出。中央广播电视总台已经与“今日俄罗斯”国际通讯社、全俄国家电视广播公司、俄罗斯报社、塔斯社、俄罗斯西伯利亚媒体集团等俄罗斯中央及地方媒体展开了多层次的合作，为中国影视作品输出搭建了广阔平台。上海第一财经、东方卫视频道的部分节目在俄罗斯 SPB 新媒体平台播出，黑龙江广播电视台与全俄国家电视广播公司符拉迪沃斯托克分公司、滨海边疆区公共电视台、全俄国家电视广播公司堪察加分公司在电视节目素材置换、人员互访和合作拍摄等方面达成合作共识，并于 2016—2017 年在俄罗斯叶卡捷琳堡和莫斯科成功举办黑龙江电视周活动，展播节目的同时与俄罗斯欧亚广播电视协会、俄罗斯教育频道、俄罗斯 TPO 电视频道及“金砖国家 TV”电视频道围绕“一带一路”及“中俄媒体交流年”主题，在合拍纪录片和交换电视节目方面交换意见。在 2016 年 6 月 27 日举办的第 38 届莫斯科国际电影节上，陕西省新闻出版广电局和西部电影集团携《红高粱》《郎在对门唱山歌》《东北偏北》《康定情歌》《遥远的天熊山》五部中国西部影片参加莫斯科和圣彼得堡举办的“中国西部电影展映周”，当天还举行了中国丝绸之路国际电影节与莫斯科国际电影节战略合作签约仪式。在中俄媒体合作机制框架下,“中俄媒体交流年”为中俄影视文化交流提供了诸多契机。莫斯科中国文化中心定期展映中国影片,《全城高考》让俄罗斯观众看到了中国的高三学生与家长、老师及整个社会在面对高考时的心态和拼搏精神,折射出时代特点,引发社会反思。北京市广播电视局在“中俄媒体交流年”期间举办了“北京影视走进俄罗斯”系列活动,将《北京青年》《男人帮》《杜拉拉升职记》《左耳》等影视作品和《茶,一片树叶的故事》《舌尖上的中国2》等纪录片翻译成俄文或英文在莫斯科和圣彼得堡进行展映推介,并通过“北京影视贸易展台”与俄罗斯媒体及商界开展影视合作,俄罗斯电影家协会书记处书记兼国际部主任科洛索夫、俄罗斯制片人协会会长博布罗夫、蓉蓝影业公司总裁布特金诺、俄中友协中央理事白嗣宏、俄罗斯KVG影视研究所市场推广部经理尤利娅及哈木拉也夫、加里宁娜、莫克里茨基、苏洛莫诺夫等多位俄罗斯知名导演出席了活动。中国国家广播电视总局国际合作司、中宣部对外推广局、中国驻俄罗斯大使馆、莫斯科中国文化中心等相关领导参加。新疆电视台与“今日俄罗斯”电视台承办的“中俄媒体交流年”——2017“中俄纪录片展”于新疆乌鲁木齐开幕,拍摄了反映中俄两国人文交流和经贸往来的大型纪录片《北方的故事》,该片在中国新疆电视台和俄罗斯电视媒体播出,新疆电视台及院线、俄罗斯电视及网络媒体还分别展映了中俄两国10部优秀纪录片。(国家广播电视总局国际合作司,2019)

媒体是中国影视在俄传播的最重要渠道。调查表明,俄罗斯民众对中国影视的相关信息的关注度不够,这主要因为俄罗斯主流媒体对中国影视作品的报道未形成规模,无法实现信息传播的遍在效应、累积效应和共鸣效应。中俄媒体的密切交流为中俄影视合作提供了机会，推动了中俄双方的影视作品在电视荧屏、院线银幕和网络平台的广泛传播。以 SPB TV 为例，作为俄罗斯最大的网络电视运营商，其互联网电视和手机电视等新媒体业务在俄罗斯有着庞大的用户群体。一方面，SPB TV 通过卫星转播中国电视节目，方便身处俄罗斯的中国人和对中国文化感兴趣的俄罗斯人收看，在扩大了中国影视影响力的同时获取了经济收益；另一方面，SPB TV 自主开发的“一带一路”手机应用涵盖了 17 个中国电视频道，这些频道播出的内容涉及文化、历史、社会生活等方方面面，其中《李小龙传奇》等中国功夫相关的影视作品深受俄罗斯观众的喜爱。

网络新媒体的发展为中俄影视文化传播创造了条件。中国影视剧在俄罗斯主流视频网站上都有展播，很多字幕翻译机构致力于中国影视剧的翻译工作。俄罗斯观众在俄罗斯电影网、vse-doramy. ru 等网站可以看到大量中国影视作品，且对中国影视作品的关注度逐年上升。伴随着网络媒体的发展，东方卫视、江苏卫视、浙江卫视、湖南卫视的影视资源得到更广泛的传播，也越来越受学汉语的俄罗斯观众的青睐，在中国影视作品传播过程中也发挥了重要作用。王一川曾指出，文化全球化必然会形成此时此地和彼时彼地的多元互渗关系。（王一川，2003）异质文化在异域传播的过程中，必然会产生文化的交融与碰撞，而经过长时间的互动交流和文化磨合，便会形成文化互渗，两种文化互为增补。在中俄文化密切交流的背景下，借助新的传播手段和信息环境，有利于深度开展影视合作及影视文化传播。

三、国际环境

当麦克卢汉"地球村"的预言变为现实,世界上每个国家、民族、个体都融入了全球一体化的浪潮中,享受着经济一体化所带来的益处,同时也体验着文化全球化所带来的文化碰撞与交融。文化全球化是影视文化跨国交流的大背景,为影视文化共享创造了可能,但是由于文化资源的分布不均和话语权的不对等,文化霸权日渐显现,随之而来的是不同文化主体间的摩擦加剧和价值观冲突,甚至是某种弱势文化的消退。因此,全球化语境下文化传播的不均衡对中俄影视发展来说是极大挑战。

中俄影视文化交流不仅受到中俄两国政策的影响,同时也受到全球电影产业发展的影响。在好莱坞电影占据主导的大环境下,中俄影视输出仍处于探索阶段。好莱坞大片的酷炫特技和明星造梦都吸引着观众的目光,占领了世界银幕。中俄影视想突破重围、拥有一席之地,就必须提高自身影片的文化辨识度,彰显文化自信和民族特色,找到本土文化转型与全球文化视野的交叉点。电影跨文化传播易遭遇文化折扣现象,在借鉴好莱坞电影全球化经验的基础上,开拓中俄影视的国际传播应在制作水平、营销环境、人才培养、新媒体传播等方面发力。中俄互办电影节实现了中俄文化的广泛交流,爱情、喜剧、动作、科幻、童话等多种题材电影的展播激发了中俄两国民众对电影文化的热爱。除了中俄互办电影节,一些地区和机构还定期举办俄罗斯电影周活动,在传播俄罗斯电影、介绍俄罗斯文化方面发挥了一定作用。例如:"2015 郑州·俄罗斯电影周"展映了《白色虎式》《女子敢死队》《伊万的儿子阿米尔》等 7 部俄罗斯影片;2017 年,第二届哈尔滨中俄文化艺术交流周——俄罗斯电影展映活动展映了《莫斯科不相信眼泪》《这里的黎明静悄悄》《静静的顿河》《萨哈狙击手》《两个人的车站》《办公室的故事》等8部经典苏联老电影。

四、受众环境

中俄两国间较大的文化差异为中俄影视的跨文化传播增加了不确定性。中俄影视合作还有很多困难需要克服，中俄新一代导演和受众都是在美国电影文化的影响和熏陶下成长起来的，俄罗斯文化在中国电影中的体现及中国电影的对俄传播都面临较大挑战。自2006年以来，中俄互办电影节活动已经成为双方影视交流的品牌项目，对加强双方影视认知有积极意义。但展映影片的观看人次和影响力不甚理想，关注度和知名度皆不高，同时因为文化差异大、宣传推广力度小等因素，展映影片的好评度也不高。2017年6月“中国俄罗斯电影节”在北京和哈尔滨开幕，9月“俄罗斯中国电影节”在莫斯科和叶卡捷琳堡举行，双方各推出7部影片。中国推送的电影《王朝的女人 · 杨贵妃》《刺客聂隐娘》《山河故人》《解救吾先生》《三城记》《第三种爱情》在俄罗斯知名电影评论网站“电影搜索（kinopoisk. ru）”上累积评论数量仅为13条，评分最高的为《山河故人》，获6.9分，《三城记》和《第三种爱情》则没有评分和评论。相比较而言，俄罗斯推送的电影《地震》《破冰船》《爸爸的早餐》在中国知名影评网站“豆瓣”上的评分在6.5—7.0之间，获得了上千条评论。（以上数据截至2018年3月1日）（许华，2018）虽然近些年影院上线的《他是龙》《斯大林格勒保卫战》等影片获得好评，《战斗民族养成记》《楚乔传》《甄嬛传》等影视作品在网络渠道的传播效果较好，但整体来看，受众面窄和文化认知局限仍是阻碍中俄影视作品传播的主要原因。中俄影视深度合作不仅需要政府在政策层面的推动,也需要影视制作人及相关机构的大力合作,更需要对彼此受众的需求和文化特性有深入的了解并进行有针对性的创作,才能提升传播力。

俄罗斯“民意调查基金会”的数据显示:除去部分受过高等教育的人士,俄罗斯社会接受中等专科教育和中级及以下等级教育的人群接触过中国图书、电影和电视节目等文化产品的比例均不到50%。(许华,2018)1997—2015 年这 18 年间,有 47 部中国电影在俄罗斯上映,票房总计 1 760 万美元。如果除去 2012 年由在国际上具有极高知名度的成龙自编、自导、自演的《十二生肖》的940 万美元的票房,其余46 部影片的总票房仅为 820 万美元,平均票房收入仅为 17.8 万美元。① 俄罗斯民众对中国电影不够热衷,一方面与影视内容和制作水平有关,另一方面也与他们的刻板印象有关。在西方媒体占据话语主导权的背景下,部分俄罗斯民众认为中国仍是落后贫穷的,个别媒体的以偏概全的报道和议程设置也影响了一些俄罗斯民众对中国及中国影视文化的正确认知。同样,中国观众对俄罗斯影视作品所知亦不够多。

中国影视作品在俄罗斯传播具有较好的口碑基础,2018 年,美国皮尤研究中心的全球态度调查的数据显示,俄罗斯民众对中国的好感度高达65%。通过影视文化拉近中俄两国民众的心理距离,可以避免出现“他者”身份的焦虑,推动两个文化主体展开对话。

---

① Лавров Сергей. Прокат российского кино в Китае[EB/OL]. (2015-06-01). http://www.kinote.info/articles/15552-prokat-rossiyskogo-kino-v-kitae.

影视作品作为文化的载体，体现了民族文化的精神，彰显了本国的风土人情，有利于民众更深入地了解他国文化，实现民心相通。通过影视作品推动民心相通，需要根据当前的传播环境、受众需求及市场特点进行创新。应让更多的影视作品通过主流媒体平台播出，更好地利用网络平台进行影视作品传播，及时研究和开发能在中俄两国流行的影视作品，以吸引更多民众通过观看影视作品来认知中国和俄罗斯的悠久历史、博大文化、壮美风光、社会生活，从而增进中俄两国人民的相互理解和尊重。在我国大力推动中华文化“走出去”的背景下，与“一带一路”沿线友好国家俄罗斯开展影视制作与传播的深度合作，对传播中华文化、促进中俄两国文化交流和发展睦邻友好关系，具有更为重要的意义。

第三章　中俄影视剧的双向传播与交流

本章基于对 CGTN 俄语频道、俄罗斯电视台第一频道、俄罗斯影视网络平台 kinopoisk. ru、kino mail. ru、vsedoramy. net 的调研,结合中俄电影节的实际情况及对受众的观影行为与评价的调研,分析中国影视剧在俄罗斯的传播境况及“一带一路”倡议下俄罗斯电影在中国的传播之路。

第一节　中国影视剧在俄罗斯的传播

近年来,越来越多的中国影视作品输出到俄罗斯,直接原因在于中国经济高质量的快速发展,进入 21 世纪尤其是成功举办奥运会之后,中国的世界影响力显著增强,俄罗斯媒体对中国的报道量迅速增加,据统计,2008 年全年,俄罗斯单一媒体报道数量较上一年均提升了 50% 左右,且后续每年都稳中有升。(钱程,2020)俄罗斯媒体具有较鲜明的政治性,以对中国正面形象的报道为主,提升了俄罗斯民众对中国的好感,学习汉语和了解中国文化成为热潮,而影视剧是最便捷和充满趣味的渠道,同时也有越来越多的字幕翻译团队加入到将中国影视剧引入俄罗斯的队伍中。对俄罗斯影视网站在线播放中国影视剧的情况进行统计后发现，近十年中国影视剧在俄罗斯网站上的播放量明显增加，甚至有很多影视剧的播放进度与其在中国国内的一致，如2021年热播的《上阳赋》《我的小确幸》《我就是这般女子》，中国电视剧的受欢迎程度上升明显，剧的主演增加了很多俄罗斯粉丝。

各国电影产业积极谋划全球布局，助推本国影视文化全球化发展进程，中国积极推行电影文化“走出去”战略，院线传播及线上传播都有所突破。对中国电影在俄罗斯的传播环境进行分析，结合对中国电影在俄罗斯线上传播的调研，可以发现，中国影视剧在俄罗斯的知名度和美誉度不断提升，类型日渐丰富，传播渠道更加多元，推动了中俄双方影视文化的交流与合作。同时，中国电影的跨域传播出现了片源丰富但互动低迷的新情况，中美合拍片在俄罗斯具有更广泛的传播力，中俄合拍有渐起之势，在文化共生语境下，中俄合拍影片还有较大发展空间。

一、中国影视剧在俄罗斯的传播路径

中俄两国人民友谊深厚，文化交流丰富，在影视、戏曲、舞蹈、绘画等文化艺术领域的交流与合作不断深化。

（一）基本情况

中国影片在俄罗斯的传播途径主要有三个。一是通过俄罗斯影院上映，《芳华》《影》《捉妖记》《动物世界》《长城》《功夫瑜伽》《从你的全世界路过》《非凡任务》《流浪地球》《我不是药神》等影片都取得了不错的评价。与早期中国功夫武侠题材电影受热捧相比，当前更多类型的中国影片走进了俄罗斯观众的视野。

俄罗斯影评家认为,中国电影票房收入的井喷式增长和中国电影全球观众数量的增加,原因在于中国电影通过鲜明的民族风格讲述中国故事,运用先进的电影科技进行电影制作,很多表现中国人生活和想象空间的影片吸引了俄罗斯受众。二是通过在俄罗斯多个城市举办的中国电影节或相关机构主办的文化节活动中展映中国影片。三是通过新媒体平台尤其是电影网站播放中国影视剧。截止到 2020 年 12 月,俄罗斯电影门户网站 www. kinopoisk. ru 拥有 5 800 部中国相关的影片资源,但点击量和观看量不甚理想。有学者对 2005 年之后上映的中国影片的票房做了统计,成龙的《飞鹰计划》以 2.83 亿卢布的票房收入居首位,中国电影在俄罗斯的整体票房情况不甚理想。2015 年,俄罗斯受访者中看过中国电影的人数占比 86.8%,然而其中对中国电影感兴趣的人数却不到一半。(田秒,2017)中国电影国际传播报告数据显示,2016 年,俄罗斯被调查民众年平均观看中国电影的数量仅为 2.17 部(黄会林、李雅琪、马琛等,2017),2019 年抽取少量样本,对俄罗斯电影网进行在线调研后发现,近五年播放中国影视剧共 619 部,其中《一路惊喜》《七月与安生》《偷芯攻略》《保持沉默》《七剑下天山》的点击量靠前。在数量分布方面,2015 年播放 49 部,2016 年播放 142 部,2017 年最高达 223 部,2018 年播放 111 部,2019 年播放 94 部。在类型分布方面,播放量占前三名的分别是爱情片、喜剧片和动作科幻片。调研发现,俄罗斯电影网上点击量较高的并不都是中国国内热播的影视剧。《坏爸爸》《九层妖塔》《倩狐传》《悲伤逆流成河》《新娘大作战》等都有较好表现。2019 年,kinopoisk. ru 网站上中国电影评分较高的有《叶问》《霍元甲》《熊猫回家路》《英雄》《末代皇帝》《金陵十三钗》等,《叶问》评分为 8.26,但评论仅有 69 条,《霍元甲》评分为 8.11,评论有 20

条。(以上数据截至 2019 年 12 月 31 日)整体来看,中国电影得到的评论和转发等互动较少,在俄罗斯的影响力还有待提升。

(二)俄罗斯网站的中国影视剧传播

在文化全球化背景下,网络等新媒体成为电影传播的新型主流平台,俄罗斯受众可以通过中国媒体开发的俄语网络平台看到中国影视作品的相关信息,如通过新华网俄文版 APP、中国国际广播电台俄语广播、人民日报俄语版、CGTN 俄语频道来观看中国影视剧或了解相关报道。但是俄罗斯受众最常用来观看中国影视剧的网络平台为 kinopoisk. ru、kino mail. ru、vsedoramy. net。对俄罗斯 kino mail. ru 和 vsedoramy. net 两大网站截止到 2020 年 12 月的中国影视作品的传播情况进行统计后可以发现其传播规律。

1. 俄罗斯网站上中国电影的传播情况

第一,俄罗斯网站上播放的中国影片的数量不断增加,并在 21 世纪的第二个十年实现较大飞跃。影视网站 kino mail. ru 和 vsedoramy. net 上的中国电影资源分别为 199 部和 436 部,在进入 21 世纪后都呈现出快速增多的特点,尤其在第二个十年有了井喷式发展,更多的俄文版中国电影出现在俄罗斯电影网站上,可供俄罗斯观众点播观看,见表 3.1。但对 kino mail. ru 网站上的数据做进一步分析后可以发现,在 199 部影片中,合拍影片占 57.8%,很多网友因好莱坞因素选择收看合拍影片,可见俄罗斯网民对中国影片的认可度仍需提升。

表 3.1 俄罗斯网站上中国电影数量对比表①

时间/年	1990—2000	2001—2010	2011—2020
vsedoramy. net	8	60	368
kino mail. ru	12	47	140

第二,俄罗斯网站上中国影片类型比较多元,不同网站各有侧重,以冒险武打为主的动作影片都占较高比重。网站 kino mail. ru 与 vsedoramy. net 对中国影片的偏好略有不同:kino mail. ru 上除了动作功夫类影片,还有 21.6% 的卡通动画影片,爱情主题影片的资源较少;vsedoramy. net 的综合性更强,除 400 多部影片外还有 600 余部电视剧资源,电影以爱情剧情类为主,占 29.6%,动作影片占 21.8%,而近些年备受追捧的玄幻类影片也有较多资源,占 14.7%,具体数据分别见表 3.2、表 3.3。

表 3.2 kino mail. ru 上中国影片类型分布表

类型	动作	喜剧	卡通	军事战争	爱情剧情	其他	合计
数量	99	34	43	13	4	6	199

表 3.3 vsedoramy. net 上中国影片类型分布表

类型	动作	喜剧	玄幻	军事战争	爱情剧情	犯罪悬疑	合计
数量	95	60	64	41	129	47	436

① 本章相关数据系作者对 https://vsedoramy. net/及 https://kino. mail. ru/进行筛选分析后所得,截止到 2020 年 12 月 30 日。

第三，点击观看量分布不均，点赞评论等互动行为较少。对 kino mail. ru 网站上中国电影的评分和参与评分的人数进行统计，可以发现评分存在严重不均衡现象，评分排名靠前的影片以合拍影片居多，如《面纱》《谍海风云》，而排名靠后评分为 6.0 以下的非合拍影片有 26 部；参与评分人数排名前十的影片同样以合拍影片为主，非合拍影片中«Ип Ман»(《叶问》)的参与评分人数最多，为 1 097 人，评分为 6.8，绝大多数影片的参与评分人数低于千人。

对网站 vsedoramy. net 上中国电影的浏览量、点赞量和评论量进行统计后可以发现，中国电影的浏览量较高，5 000 浏览人次以上的影片有 96 部，其中浏览量排在前十位的影片以爱情片为主，且上映时间以近五年为主，见表 3.4，打破了中国功夫片一家独大的局面。但整体来看，这些影片的点赞量和参与评论的人数非常少：点赞量位居前三的影片为«Третий вид любви»(《第三种爱情》)、«Омут слез печали»(《悲伤逆流成河》)、«Вожделение»(《色 · 戒》)，点赞量分别为 476、158、142；评论量位居前三的影片为«Третий вид любви»(《第三种爱情》)、«Омут слез печали»(《悲伤逆流成河》)、«Влюбиться с первого поцелуя»(《一吻定情》)，评论量分别为 22、19、13。

表 3.4 vsedoramy. net 上浏览量排在前十位的中国电影的相关信息

序号	俄译名	电影名称	上映时间	浏览量	点赞量	评论数	导演	类型
1	«Третий вид любви»	《第三种爱情》	2015	40348	476	22	李宰汉	偶像、现代、爱情、剧情
2	«Роман пленницы»	《禁足少女罗曼史》	2017	33916	105	3	巴晨旭	虐心、爱情
3	«Кулинарный шторм»	《决战食神》	2017	28841	56	3	叶伟民	喜剧、爱情
4	«Люблю тебя такой, какая ты есть»	《我的青春都是你》	2019	28454	124	10	周彤、代梦颖	青春、爱情
5	«Гардения в цвету»	《栀子花开》	2015	25400	89	3	何炅	青春、校园、爱情
6	«Омут слез печали»	《悲伤逆流成河》	2018	23861	158	19	落落	青春、校园
7	«Наставница молодого повелителя теней»	《影王少帅的女长官》	2018	21902	101	3	褚会林	爱情

续表

序号	俄译名	电影名称	上映时间	浏览量	点赞量	评论数	导演	类型
8	«Опасные связи»	《危险关系》	2012	21656	43	1	许秦豪	爱情
9	«Влюбиться с первого поцелуя»	《一吻定情》	2019	21521	130	13	陈玉珊	爱情
10	«Вожделение»	《色·戒》	2007	20153	142	9	李安	剧情、爱情

俄罗斯网络平台上的中国电影资源丰富，kinopoisk. ru 等网站有大量中国电影及导演、演员的信息，在学术网站上有越来越多的电影评论家和研究者以中国电影为研究对象，从内容、表演、拍摄、功能等不同层面对中国电影进行了深入研究。笔者调查的两家网站上的中国电影数据表明，中国电影在俄罗斯的传播力已经有所提升，伴随中俄两国文化的深入交流和媒体的广泛报道，未来会有更多俄罗斯受众观看并评析中国电影，更加认可中国电影及其所蕴含的民族文化。

对中国电影的线上传播进行分析后可以看到，中外合拍片借助了多国影视力量，其观影情况更好，在制作、发行和线上线下传播方面都有较好的资源支持，具有更强大的传播力。作为融合多民族文化和契合受众多元需求的合作形式，中外合拍是中国电影

"走出去"战略中的关键环节。

2. 俄罗斯网站上中国电视剧的传播情况

俄罗斯网站 vsedoramy. net 是一家致力于提供亚洲影视剧资源的网站,拥有大量带有俄文配音或俄文字幕的亚洲电视连续剧,主要面向俄罗斯的韩国、日本、中国、越南电视连续剧的粉丝。该网站集结了大量为电视剧进行俄语配音和字幕翻译的工作室,如 Green Tea、SoftBox、AniFilm、Храм Дорам、STEPone、Cardinals、Shadows、Мания 等,为网站用户提供全方位的观看服务,能够满足用户通过任何移动设备观看电视剧的需求,并且电视剧资源的更新非常及时,很多剧集与其在本国的播放进度一致,因此该网站在俄罗斯具有较高人气,对该网站上的中国电视剧资源进行分析,可以了解中国电视剧在俄传播情况。

自 2005 年至 2020 年底,vsedoramy. net 上可供播放的中国电视剧有 659 部共 24 606 集,按照年度分布进行统计后发现,可供播放的中国电视剧数量在这十多年间大多呈增加态势(见图 3.1),这一方面表明俄罗斯网站及翻译工作室对中国电视剧的重视程度提升,另一方面也表明俄罗斯观众越来越喜欢观看中国电视剧。

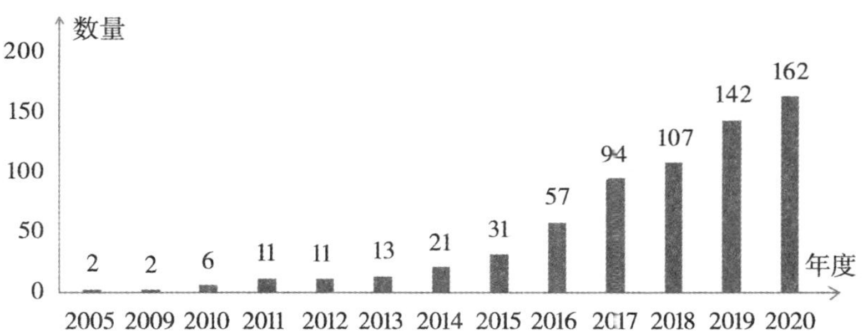

图 3.1　vsedoramy. net 上中国电视剧年度分布统计

此外，自2005年至2020年底，每年度中国电视剧在该网站上的平均浏览量均超过1万人次，其中2014年、2016年、2017年、2018年、2019年、2020年的平均浏览量均超过2万人次，单部剧浏览量超过2万的占比分别为24%、28%、66%、65%、41%、33%。2005—2020年，该网站上浏览量在5万人次以上的中国电视剧总计97部：2014年1部，2015年3部，2016年4部，2017年30部，2018年32部，2019年21部，2020年6部。浏览量在10万人次以上的电视剧的播出时间主要为2017年、2018年、2019年，类型仍以古装剧及爱情剧为主，《流星花园》以超百万人次浏览量排名第一，《楚乔传》的浏览量则居古装电视剧之首，具体数据见表3.5。

表3.5　vsedoramy.net上浏览量超过10万人次的中国电视剧

序号	俄译名	电视剧名称	集数	播出时间	浏览量	点赞量	评论数	类型
1	«Сад падающих звезд»	《流星花园》	50	2018	1146261	7356	211	校园、爱情、偶像
2	«Легенда о Чу Цяо»	《楚乔传》	58（DVD版）	2017	598230	2518	120	古装、爱情
3	«Влюбленная лиса»	《狐狸的夏天（第一季）》	21	2017	490812	2876	105	偶像、青春、爱情、都市

续表

序号	俄译名	电视剧名称	集数	播出时间	浏览量	点赞量	评论数	类型
4	«Супер Звезда: Блестящая контратака»	《逆袭之星途璀璨》	50	2017	361673	377	39	现代、都市、爱情、励志
5	«Неукротимый: Повелитель Чэньцин»	《陈情令》	50	2019	288252	1808	118	古装、仙侠
6	«Случайная любовь»	《惹上冷殿下》	30	2018	219774	1587	56	校园、青春
7	«Арсенал военной академии»	《烈火军校》	48	2019	217052	964	94	近代、革命
8	«Лун Жии, тебе конец»	《龙日一，你死定了（第一季）》	20	2017	196651	1488	37	爱情、校园
9	«Легенды»	《招摇》	56（TV 版）	2019	174552	1052	36	古装、仙侠、爱情

续表

序号	俄译名	电视剧名称	集数	播出时间	浏览量	点赞量	评论数	类型
10	«Воин Судьбы»	《择天记》	56（TV 版）	2017	165958	1389	26	古装、青春、偶像
11	«Лучезарная красавица эпохи Цинь»	《秦时丽人明月心（丽姬传）》	48	2017	164033	787	21	古装
12	«Удар на сладкое поражение»	《甜蜜暴击》	38	2018	145632	1121	39	爱情、青春、校园、励志
13	«Кембрийский период»	《寒武纪》	24	2017	143580	1085	36	悬疑、偶像
14	«Красавчик»	《国民老公》	28	2018	137662	614	12	青春、偶像
15	«Моя одноклассница издалека»	《同学两亿岁》	24	2018	135222	529	26	科幻、校园

续表

序号	俄译名	电视剧名称	集数	播出时间	浏览量	点赞量	评论数	类型
16	«Удушающая сладость, заиндевелый пепел»	《香蜜沉沉烬如霜》	63	2018	131927	1187	51	古装、神话
17	«Вечная любовь»	《双世宠妃（第一季）》	24	2017	118374	750	20	古装、爱情、喜剧
18	«Быть с тобой»	《不得不爱》	44	2017	116043	318	11	都市、感情
19	«Волна за волной»	《浪花一朵朵》	36（DVD 版）	2017	113544	720	26	青春、励志、爱情、竞技
20	«Вперед, Кальмар! »	《亲爱的，热爱的》	41	2019	109964	524	29	言情、都市、励志、电子、竞技

续表

序号	俄译名	电视剧名称	集数	播出时间	浏览量	点赞量	评论数	类型
21	«Мой дорогой принц»	《亲爱的王子大人》	19	2017	107257	513	15	都市、爱情、偶像、励志
22	«Да будет ночь»	《将夜》	60	2018	102101	599	46	古装、玄幻
23	«Аватар короля»	《全职高手》	40	2019	100149	474	23	青春、励志

对每年度观看人次最多的电视剧进行综合统计后可以发现，中国电视剧在俄罗斯网站上的资源响应时间越来越短，《陈情令》《三生三世枕上书》都是与中国国内同步更新的，观看人次最多的电视剧大多为古装剧，2010—2020 年间有 9 年里的电视剧浏览量排名第一的是古装剧，其他年度里浏览量最高的《老师晚上好》《流星花园》等都是青春偶像剧，以爱情为主题，其中《流星花园》是俄罗斯影视网站上浏览量、点赞量及评论数最高的中国电视剧，具体数据见表 3.6。

表 3.6 vsedoramy. net 上 2010—2020 年度浏览量最高的中国电视剧

序号	俄译名	电视剧名称	集数	播出时间	浏览量	点赞量	评论数	类型
1	«Интрига Мэйжэнь»	《美人心计》	40	2010	12914	96	2	古装、宫廷
2	«Поразительное на каждом шагу»	《步步惊心》	35（DVD 版）	2011	27512	199	12	宫廷、穿越、爱情
3	«Ошибка идеального незнакомца»	《错点鸳鸯》	50	2012	39801	280	2	古装、情感、励志
4	«Женщина Премьер-Министр»	《陆贞传奇》	59（电视剪辑版）	2013	45045	204	2	古装、爱情
5	«Императрица Китая»	《武媚娘传奇（武则天）》	82（DVD 版）	2014	75469	191	11	古装
6	«Путешествие цветка»	《花千骨》	50（DVD 版）	2015	63747	440	7	古装、仙侠、爱情

续表

序号	俄译名	电视剧名称	集数	播出时间	浏览量	点赞量	评论数	类型
7	«Привет, мистер Совершенство»	《老师晚上好》	24	2016	78175	300	6	校园、喜剧
8	«Легенда о Чу Цяо»	《楚乔传》	58（DVD 版）	2017	598230	2518	120	古装、爱情
9	«Сад падающих звезд»	《流星花园》	50	2018	1146261	7356	211	校园、爱情、偶像
10	«Неукротимый: Повелитель Чэньцин»	《陈情令》	50	2019	288252	1808	118	古装、仙侠
11	«Три жизни, три мира: Записки у изголовья»	《三生三世枕上书》	56	2020	84463	552	30	古装、爱情、玄幻

截止到 2021 年 4 月 1 日，vsedoramy. net 网站上可以找到的 2021 年的中国电视剧有 31 部，浏览量排名前四位的是《斗罗大陆》《上阳赋》《我的小确幸》《锦心似玉》，具体数据见表 3.7。奇幻古装剧《斗罗大陆》讲述了斗罗大陆上的少年唐三怀揣拯救万民的英雄梦踏上武学之道，克服重重困难最终站上武林巅峰的故

事。剧中魂师学院人才辈出，恩怨情仇纷繁复杂，唐三靠着坚毅和实力终于实现振兴宗门拯救万民的梦想。俄罗斯网友评价该剧充满了友谊、勇气和爱，主人公坚韧不拔，激发了武道中人的合作精神和集体主义精神。整体来看，一些电视剧虽然刚刚播出不久，但是俄罗斯网友观看的热情较高，使这些电视剧的浏览量不断增加，且很多网友评论表示在线等剧集更新。以一些电视剧从2021 年 2 月 1 日到 2021 年 4 月 1 日的浏览量的变化为例：《灵域》的浏览量从 2 535 人次上升至 15 796 人次，《我就是这般女子》的浏览量从 3 774 人次上升至 17 167 人次，《我的小确幸》的浏览量从 12 054 人次上升至 29 086 人次，《上阳赋》的浏览量从 12 858人次上升至 46 106 人次，俄罗斯观众对剧情的关注呈现持续态势，中国电视剧越来越受到俄罗斯观众的喜爱。最受欢迎的电视剧类型为爱情剧和古装剧，新生代演员出演的电视剧尤其受到俄罗斯观众的喜爱。

表 3.7　vsedoramy. net 上 2021 年浏览量位居前四的中国电视剧（截止到 2021. 4. 1）

序号	俄译名	电视剧名称	集数	播出时间	浏览量	点赞量	评论数
1	«Боевой континент»	《斗罗大陆》	40	2021	78857	712	24
2	«Повесть о Шаньян»	《上阳赋》	68	2021	46106	348	22
3	«Мое маленькое счастье»	《我的小确幸》	28	2021	29086	242	8
4	«Нефритовое сердце Ши»	《锦心似玉》	45	2021	21793	196	7

从互动情况来看，俄罗斯网友观看的中国电视剧的点赞数逐年提升，点赞数超过 1 000 的电视剧集中在 2017 年、2018 年和 2019 年，具体见表 3.8，仍是古装剧和爱情剧的点赞互动更为频繁，俄罗斯网友的观看评论不仅包含对剧情、演员、服饰、环境等因素的评论，还包括催更评论，甚至有对剧情发展的猜测与设想。

表 3.8　vsedoramy. net 上按点赞量排名的中国电视剧的相关信息（截止到 2021.4.1）

序号	俄译名	电视剧名称	集数	播出时间	浏览量	点赞量	评论数
1	«Сад падающих звезд»	《流星花园》	50	2018	1146261	7356	211
2	«Влюбленная лиса»	《狐狸的夏天（第一季）》	21	2017	490812	2876	105
3	«Легенда о Чу Цяо»	《楚乔传》	58（DVD 版）	2017	598230	2518	120
4	«Неукротимый: Повелитель Чэньцин»	《陈情令》	50	2019	288252	1808	118
5	«Случайная любовь»	《惹上冷殿下》	30	2018	219774	1587	56

续表

序号	俄译名	电视剧名称	集数	播出时间	浏览量	点赞量	评论数
6	«Лун Жии, тебе конец»	《龙日一，你死定了（第一季）》	20	2017	196651	1488	37
7	«Воин Судьбы»	《择天记》	56（TV 版）	2017	165958	1389	26
8	«Удушающая сладость, заиндевелый пепел»	《香蜜沉沉烬如霜》	63	2018	131927	1187	51
9	«Удар на сладкое поражение»	《甜蜜暴击》	38	2018	145632	1121	39
10	«Кембрийский период»	《寒武纪》	24	2017	143580	1085	36
11	«Легенды»	《招摇》	56（TV 版）	2019	174552	1052	36
12	«Арсенал военной академии»	《烈火军校》	48	2019	217052	964	94

续表

序号	俄译名	电视剧名称	集数	播出时间	浏览量	点赞量	评论数
13	«Волосы в серебре»	《白发（白发王妃）》	58	2019	98011	812	63
14	«Улыбнись»	《想看你微笑》	24	2018	84508	799	17
15	«Лучезарная красавица эпохи Цинь»	《秦时丽人明月心（丽姬传）》	48	2017	164033	787	21
16	«Вечная любовь»	《双世宠妃（第一季）》	24	2017	118374	750	20
17	«Генерал и я»	《孤芳不自赏》	62	2017	71136	733	18
18	«Волна за волной»	《浪花一朵朵》	36（DVD 版）	2017	113544	720	26

（三）中国电影在俄罗斯的获奖情况

中国电影在俄罗斯各电影评奖活动中也取得了一定的成绩，推动了中国电影在俄罗斯的传播。对 2000 年以来中国影片在俄罗斯的获奖情况进行统计后可以发现，获奖的中国影片以艺术影片和小众影片为主，鲜少有大制作高票房的影片；奖项主要来源于莫斯科国际电影节、奥泽洛夫国际军事电影节、圣彼得堡国际电影节及俄罗斯海参崴（符拉迪沃斯托克）国际电影节；从数量分布来看，21 世纪前十年有 5 部中国影片获奖，之后十年有 21 部中国影片获奖，具体情况见表3.9。

表3.9　中国影片(电视剧)在俄罗斯获奖情况统计

序号	获奖影片	导演	电影节	奖项	上映时间	获奖时间
1	《月蚀》	王全安	第22届莫斯科国际电影节	国际评委大奖	1999	2000
2	《游园惊梦》	杨凡	第23届莫斯科国际电影节	国际影评人奖；最佳女主角(宫泽理惠)	2001	2001
3	《菊花茶》	金琛	第23届莫斯科国际电影节	俄罗斯影评人特别奖	2001	2001
4	《可可西里》	陆川	第3届海参崴国际电影节	评委会特别奖；最佳男演员(全体男演员)	2004	2005
5	《我的团长我的团》	康洪雷	第5届塞瓦斯托波尔“共同胜利”国际影视节	电视剧一等奖	2009	2009
6	《见证南京大屠杀》	吴建宁	第5届塞瓦斯托波尔“共同胜利”国际影视节	国际反恐和平奖	2007	2009

续表

序号	获奖影片	导演	电影节	奖项	上映时间	获奖时间
7	《心魔》	何宇恒	第8届海参崴国际电影节	最佳女演员（惠英红）	2009	2010
8	《Hello！树先生》	韩杰	第9届海参崴国际电影节	最佳导演奖（韩杰）；最佳男演员（王宝强）	2011	2011
9	《湘南起义》	周琦、马德林	第10届奥泽洛夫国际军事电影节	最佳女主角奖（王嘉）	2012	2012
10	《吴运铎》	安澜	第11届奥泽洛夫国际军事电影节	最佳导演奖（安澜）；最佳视觉效果奖	2011	2013
11	《兰州空战》	丁如玮	第12届塞瓦斯托波尔"共同胜利"国际影视节	纪录片特别奖	2016	2016
12	《那些女人》	吴贻弓、江平、李作楠	第13届奥泽洛夫国际军事电影节	最佳男配角奖（佟瑞欣）；评委会金剑大奖	2018	2015

续表

序号	获奖影片	导演	电影节	奖项	上映时间	获奖时间
13	《枝繁叶茂》	张撼依	第14届海参崴国际电影节	最佳影片奖	2016	2016
14	《塬上》	乔梁	第39届莫斯科国际电影节	圣乔治金奖——最佳影片	2017	2017
15	《血战湘江》	陈力	第15届奥泽洛夫国际军事电影节	最佳男配角奖(孙维民); 最佳音乐奖(居文沛); 最佳视觉效果奖	2017	2017
16	《勇士》	宁海强	第15届奥泽洛夫国际军事电影节	最佳摄影奖; 俄罗斯老战士协会特别奖	2016	2017
17	《牛》	杨歌	第40届莫斯科国际电影节	导演处女作奖	2018	2018
18	《空天猎》	李晨	第16届奥泽洛夫国际军事电影节	最佳导演处女作奖金剑奖	2017	2018
19	《建军大业》	刘伟强	第16届奥泽洛夫国际军事电影节	评委会奖	2017	2018

续表

序号	获奖影片	导演	电影节	奖项	上映时间	获奖时间
20	《入九》	亓琳琳	圣彼得堡国际电影节·中国单元	最佳影片奖、最佳导演奖、最佳编剧奖、最佳人气奖、最佳男演员奖(孙玮)	2018	2018
21	《麦城》	项建恒	圣彼得堡国际电影节·中国单元	最佳动画奖	2016	2018
22	《花季老师》	钟义娟	圣彼得堡国际电影节·中国单元	最佳摄影奖(王梓); 最佳女演员奖(果然)	2017	2018
23	《十月人生》	钟若石	圣彼得堡国际电影节·中国单元	最佳剪辑奖(王天硕); 最佳音效奖(钟若石)	2017	2018
24	《海洋动物》	张弛	第41届莫斯科国际电影节	评委会特别奖	2019	2019
25	《聂耳》	桑华	第15届塞瓦斯托波尔“共同胜利”电影节	评委会大奖	2009	2019

续表

序号	获奖影片	导演	电影节	奖项	上映时间	获奖时间
26	《戏影人生》	朱万	第15届塞瓦斯托波尔"共同胜利"国际影视节	评委会特别奖	2019	2019
27	《最可爱的人》	盛振华	第18届奥泽洛夫国际军事电影节	评委会奖	2020	2020
28	《漫长的一天》	罗禹墨	第18届海参崴国际电影节	最佳影片奖	2020	2020

二、俄罗斯受众对中国影视剧的评价

笔者与青岛滨海学院、青岛电影学院影视文化传播专业领域的2名教师及5名学生组建"中俄影视文化交流"项目组(以下简称"项目组"),对笔者所在学校内的俄罗斯留学生及家人接触和评价中国电影的相关情况进行了调研,针对观影频率、观影渠道、观影类型和观影评价等方面对中国影视剧在俄罗斯受众中的传播效果进行了问卷调查,并回收了186份有效问卷。根据问卷的统计结果,受访者中:男性占37.21%,女性占62.79%;21—30岁的占55.81%;拥有大学学历的占80.23%。受访者中:13.95%表示从没有看过中国电影,41.86%表示特别喜欢中国电影,其中一年看1—5部中国电影的占52.33%,看6—10部的占16.28%,看

11 部以上的占 17.44%。受访者观看中国电影的主要渠道为电影院、免费网站和移动客户端,而通过网站推送、影院预告片、认识的人推介等方式了解中国电影宣传资讯的比例较高,有 55.41% 的受访者选择通过网站推送观看。与以往调研对象最喜欢的电影类型多为动作片不同的是,本次调研对象对动作片、剧情片和喜剧片的喜爱程度相差不多,分别为 27.03%、22.97% 和 25.68%。

笔者从中国电影的叙事、创意、特效、价值观、美术效果、发行与宣传等层面对受访者的评价情况进行测量。运用李克特量表对这七个层面的受访者评分进行均值评定,可以发现,受访者对中国电影的整体评价不高,具体情况见表 3.10,"中国电影叙事可以吸引你"的得分为 1.02,均值最高,可见,中国电影在俄罗斯留学生及家人中的认可度还有较大的提升空间。

表 3.10　受访者对中国电影各个层面的评分均值

评价指标	均值
叙事	1.02
创意	0.81
特效	0.79
价值观	0.82
美术效果	0.82
发行	0.73
宣传	0.72

针对“中国电影观看阻碍因素”这一问题，受访者认为，文化价值观差异、字幕翻译难懂这两个因素在所有阻碍因素中所占比例较高，叙事逻辑难懂也是观影一大障碍，具体情况见表3.11。

表3.11 受访者对“中国电影观看阻碍因素”的具体选择

选项	比例/%
叙事逻辑难懂	17.57
字幕翻译难懂	20.27
文化价值观差异	27.03
电影特效不佳	13.51
无法理解剧情	4.05
画面风格不适应	5.41
其他	12.16

根据对俄罗斯留学生的访谈，笔者了解到，俄罗斯民众对与中国电影相关的李安、张艺谋、章子怡、成龙、李小龙等还是有一定了解的，但是对中国当下的电影文化还缺乏整体观照，观看的中国电影的覆盖面还很小。中国功夫电影仍是最受欢迎的类型，根据俄罗斯的电影网站的打分排名结果来看，《英雄》《霍元甲》《叶问》都曾是俄罗斯受众最喜欢的影片。在电视剧方面，《媳妇的美好时代》《杜拉拉升职记》等电视剧曾在俄罗斯网站热播，表明俄罗斯受众对中国的生活方式比较感兴趣，还有受访者表示喜欢《花千骨》这类古装剧中的服装造型和场景。少数影片因为更好的文化融合而得到盛赞，比如俄罗斯媒体对《中国合伙人》在莫

斯科电影院的展映进行了很多报道，评价认为《中国合伙人》的接受度要好于任何一部中国动作片。这部影片是中俄文化交互传播和文化互渗的一个典型，因为俄罗斯受众可以在影片中看到自身历史的影子，观看时感觉影片在讲述自己国家中类似的故事，因其反映了与俄罗斯20世纪八九十年代相似的探索与转型。俄罗斯科学院东方学研究所的中国研究专家瓦连京·戈洛瓦切夫评价说：“（陈可辛）导演表达自己观点、感情的方法以及回忆那些年代和那种生活的方法对我来说也十分亲近。那种生活我本人记忆犹新。”（俄新社）

第二节 “一带一路”倡议下俄罗斯电影在中国的传播与接受

项目组对2008—2017年俄罗斯电影在中国传播的基本情况及中国受众对俄罗斯电影的接受态度进行调研后发现，“一带一路”倡议的实施，尤其是中俄两国文化交流机制的建立，推动了俄罗斯电影在中国的传播，但俄罗斯电影在中国的整体传播效果不佳。拓宽俄罗斯电影及相关资讯的传播渠道，加强中俄电影创作及交流活动，打破文化壁垒，有利于推动俄罗斯电影在中国的传播，促进中俄双方开展文化交流。

自2013年习近平主席提出“一带一路”倡议以来，中国与“丝绸之路”沿线国家开展了丰富的文化合作，共同打造文化交流与包容的共赢文化格局。2015年，李克强总理在政府工作报告中明确提出要重点发展“互联网+”战略。电影作为承载国家文化的载体，是“一带一路”沿线国家开展精品创作及翻译的重要对象，

“一带一路”国际电影交流活动以不同形式在多个国家开展，电影成为促进沿线国家民心相通的友好使者。在“一带一路”背景下，对俄罗斯电影在中国的传播现状及产业发展进行剖析，可以助推中俄电影文化的交流与发展，探索电影“引进来”及“走出去”的新思路。

一、“一带一路”倡议下俄罗斯电影在中国的影院传播

俄罗斯电影在中国电影市场中占有一席之地，自 2008 年至 2017 年，俄罗斯电影在中国的票房收入为 3.7 亿元，这一收入与好莱坞电影在中国的票房收入相比很不可观，电影作为文化载体和文化消费品，它的传播与国家之间的文化和经济交流息息相关，“一带一路”倡议为俄罗斯电影的中国传播带来了新的契机。

（一）俄罗斯电影在中国的上映情况整体分析

对 2008—2017 年俄罗斯电影在中国的上映及票房收入情况进行分析后可以发现，在中国“一带一路”倡议的推动作用下，在中国上映的俄罗斯影片的数量和票房收入皆有较大变化。从俄罗斯电影在中国的票房收入的整体情况来看，2013 年之前的票房收入总计约为 8 780 万元，2013—2017 年，票房收入总计超过 2.83 亿元，仅仅五年，票房对比体现巨大差异。

2008—2012 年，13 部俄罗斯电影在中国上映，仅有《密码疑云》《护宝娇娃》《古墓迷途》《超能游戏者 2》这四部影片的票房超过千万元，票房收入最高的是 2008 年上映的《密码疑云》，票房收入为 15 261 804 元，且多部影片在俄罗斯上映多年后才进入中国播出。

相比较而言,2013—2017 年,俄罗斯电影在中国上映的数量和票房收入皆有大幅提升,这五年间共上映 25 部俄罗斯电影,其中票房收入最高的是 2016 年在中国上映的《他是龙》,票房收入为 60 149 984 元,《维京:王者之战》《穿越火线》《夺命地铁》《他是龙》等九部影片票房过千万元,中俄联合摄制的影片如《冰美人》《战火中的芭蕾》的票房收入皆过千万元。①

(二)俄罗斯电影分区域传播情况分析

自 2013 年以来,俄罗斯电影在中国的传播范围更加广泛,观影人数激增,票房呈倍数增长。但是中国不同区域的观影情况也存在较大差异。东部地区以逾 2 亿元的票房居于榜首,而中部地区仅有 6 000 多万元的票房。一线城市票房总计约为 7 640 万元,二线城市票房总计约为 1 亿 5 530 万元,三线城市票房总计约为 6 600 万元,四线城市票房总计约为 4 270 万元。二线城市票房以绝对优势居于榜首,在二线城市播映的《火海凌云》《这里的黎明静悄悄》《他是龙》三部影片的票房都突破千万元。

二、"一带一路"倡议下俄罗斯电影在中国的网络传播

俄罗斯电影在中国传播的传统渠道为电影院,自 2013 年开始,中俄两国领导人在加强两国电影交流与合作方面达成共识,双方建立了互办电影节机制,每年由中国国家广播电视总局和俄罗斯联邦文化部联合举办俄罗斯电影节,至少在两个城市举行电影展映及文化交流活动,这些举措都取得了较好的传播效果。

---

① 本章数据皆源于艺恩数据 https://www.endata.com.cn/。

对中国国内的主要视频网站如芒果TV、优酷、爱奇艺、腾讯视频等进行点击量调查后，可以发现，中国民众通过网络点播观看俄罗斯电影的趋势较为明显，具体情况见表3.12。

表3.12　中国民众对俄罗斯电影的网络点播情况统计

视频名称	年度播放量/万次				总计播放量/万次
	2014	2015	2016	2017	
《穿越火线》	2 932.21		8 018.43		10 950.64
《火海凌云》			4 159.15	2 655.03	6 814.18
《守护者:世纪战元》				6 562.44	6 562.44
《他是龙》			4 107.81	986.91	5 094.72
《黑海夺金》			2 490.24	1 685.73	4 175.97
《暗杀游戏》			687.82	1 964.13	2 651.95
《灵狼传奇》				1 713.05	1 713.05
《超能太阳鸭》			766.08	429.94	1 196.02
《这里的黎明静悄悄》		78.84	940.49		1 019.33
《冰美人》			467.21		467.21
《夺命地铁》	61.22	382.49			443.71
《冰雪女皇之冬日魔咒》				400.80	400.80
《特工008》		199.36	161.93		361.29
《黑暗终结者》		317.80			317.80
《超能游戏者2》		149.55			149.55

计算表3.12中的数据后可知,2016年,俄罗斯电影在中国的网络点击播放量总计逾2亿次,2017年逾1亿6 000万次,《穿越火线》单部影片的点击量突破1亿次,这样的观看量在俄罗斯电影仅靠院线传播时是从没有过的。对网络点击量排在前五名的俄罗斯电影进行两种传播方式的对比分析后可以发现,网络传播方式在观影人群覆盖面方面具有较为明显的优势。

对网络播放量排在前五名的影片的影院观看人次进行分析后可以发现,二者并未呈现对应关系,网上热播的《穿越火线》的播放量逾1亿次,而在院线观看的人次仅为56.69万,具体情况见表3.13。在全球一体化及互联网高度发达的时代,应充分利用网络及社交媒体进行影片的推送与传播。

表3.13　排在前五位的俄罗斯影片的网络播放情况及影院观看情况对比

视频名称	网络播放量/万次	影院观看人次/万
《穿越火线》	10 950.64	56.69
《火海凌云》	6 814.18	92.16
《守护者:世纪战元》	6 562.44	84.04
《他是龙》	5 094.72	191.95
《黑海夺金》	4 175.97	7.71

三、“一带一路”倡议下俄罗斯电影文化与中国受众契合情况分析

相较于欧美电影及中国国内电影，俄罗斯电影在中国所占票房及网络点击播放量都不具优势。为进一步研究俄罗斯电影在中国的传播情况，项目组对 350 人进行了问卷调查。本次问卷调查的对象以中青年受众群体为主，发放问卷 350 份，回收 350 份，其中有效问卷 341 份，回收率为 100%，有效率为 97.4%。

对有效问卷的数据进行统计后可知，受访者中，男性为 181 人，女性为 160 人，样本对象的年龄分布情况如下：20 岁以下群体占 24.05%，20—30 岁群体占 31.38%，30—40 岁群体占30.21%，40—50 岁群体占 10.26%，50 岁以上群体占 4.1%。样本对象的受教育程度以大学本科学历居多，占 74.19%，且 91.8% 的受访者表示喜欢观看电影，其中“非常喜欢（观看电影）”的受访者比例高达 50.4%。

（一）认知层面：中国观众接触俄罗斯电影的基本情况

对受访者在过去 12 个月里观看俄罗斯电影的数量进行分析后发现，59.24% 的受访者表示在过去 12 个月里从没有观看过俄罗斯电影，38.24% 的受访者观看了 1—5 部俄罗斯电影，观看 6 部以上俄罗斯电影的观众只占 2.35%，还有极少数人不知道自己是否观看过俄罗斯电影。对比分析来看，过去 12 个月里观看 1—5 部外国电影的观众占 53.96%，而观看 6 部以上外国电影的观众占 36.36%。

电影的传播力和影响力与其观影数量和接触频率息息相关，没有观众选择观看俄罗斯电影便无法实现文化的跨国传播与交

流,俄罗斯电影对中国观众的传播力还十分有限,根本原因在于中国观众对俄罗斯电影的认同度还很低。

(二)媒介层面:俄罗斯电影及电影资讯在中国的传播渠道

大多数受访者选择网络作为获取电影资源的主要渠道。其中,免费网站是中国受众观看俄罗斯电影的主要渠道,选择该渠道的观众比例为 66.91%,手机等移动终端及电影院分别占 43.88%、41.73%,电视频道也是中国观众观看俄罗斯电影的重要渠道。不同年龄层受众选择的传播渠道也有差异,40 岁以下的受众主要选择通过免费网站和手机等移动终端收看俄罗斯电影,而 40 岁以上的受众则主要通过电视频道和电影院来观看俄罗斯电影。

在对电影受众进行访谈时,项目组还发现了一个现象,即部分受众不知道自己看过的电影是俄罗斯电影,可见,俄罗斯电影的识别度和知名度还有很大的提升空间。

(三)态度层面:“一带一路”倡议下受访者对俄罗斯电影的评价

1. 对俄罗斯电影的印象

为了解受访者对俄罗斯电影的印象,项目组选取了三个正向指标和三个负向指标进行整体考察。三个正向指标从剧情、演员和制作三个层面进行评价,负向指标从思维逻辑、字幕翻译和文化差异三个层面进行评价。得到的数据显示,有 66.91% 的受众认为俄罗斯电影的俄罗斯文化特色是最鲜明的吸引力要素,这一指标远远高出“故事打动人”（占比 20.86%）和“制作精良”（占比 10.79%）两项指标，这表明俄罗斯电影在剧情和制作层面仍需加强。在负向指标评价方面，中俄文化差异（占比 48.92%）是受众认为在观看俄罗斯电影时遇到的最大困难，其次是字幕翻译难懂（占比 30.94%）。

对样本中“从没有看过”俄罗斯电影的受众进行访谈调研后发现，在他们没有看过俄罗斯电影的原因中，除了时间因素外，最主要的因素是“没有渠道获取影片资讯”，选择这一因素的受访者占 42.82%，由此可知，俄罗斯电影在中国的电影资讯宣传效果不佳仍是其在中国传播的瓶颈。2017 年 12 月 1 日，俄罗斯年度最佳表现影片《维京：王者之战》在中国的首日票房仅为 500 万元，而同日上映的《寻梦环游记》的票房却逾 5 000 万元，造成这一巨大差异的因素除了观众的观影习惯及偏好外，还包括俄罗斯影片的宣传不够有针对性这一因素。“普京亲自接见摄制团队”“推荐二刷”的宣传语不足以吸引中国观众，票房分析师罗天文表示：“以往俄罗斯的影片在国内都不会有太高的票房，演员阵容不熟悉，排片率上也不占优势。”（《新京报》，2017－12－04）可见俄罗斯电影的宣传亟须加强。

2. 对俄罗斯电影类型的印象

项目组给出了剧情片、纪录片、动作片、恐怖片、动画片、喜剧片、科幻片、宗教片这八种主要电影类型的选项，调查受访者喜爱的俄罗斯电影类型。结果显示，在观看过俄罗斯电影的受众群体中，俄罗斯剧情片（占比 36.69%）和动作片（占比21.58%）最受中国观众喜欢，喜剧片（占比 12.23%）、纪录片（占比 9.35%）、恐怖片（占比 6.47%）和科幻片（占比 6.47%）的受欢迎程度不高，动画片（占比 2.16%）和宗教片（占比 0.72%）的观众喜爱指数最低。数据表明,延续了蒙太奇传统的俄罗斯电影在剧情冲突和动作表现方面仍有较大优势,但是考虑到中国观众的文化背景及观影习惯而有针对性地制作与传播的俄罗斯电影还很欠缺,导致中国观众对俄罗斯电影的接受程度较低。

通过对俄罗斯电影在中国传播的基本情况及中国受众对俄罗斯电影的消费态度的调研,项目组得出以下结论:首先,“一带一路”倡议的实施,尤其是中俄两国文化交流制度的建立,推动了俄罗斯电影在中国的传播,但俄罗斯电影在中国的整体传播效果不佳;其次,网络是中国受众观看俄罗斯电影相关宣传资讯的主要渠道,但是网络上的影片资源及资讯推送的情况不理想;最后,俄罗斯在电影制作及传播层面应深化和拓展与中国的合作,打破文化壁垒,开展针对中国受众的内容创作和媒体交流活动。

第四章　文化间性视域下中国影视作品的“中国形象”解析

本章从审视中俄影视文本所呈现的“中国形象”出发，在总结俄罗斯媒体、学者和民众眼中的“中国形象”的基础上，聚焦影视文化表达的主体性。通过分析举办中国电影节展映影片、俄罗斯影院上映中国影片、俄罗斯电影网站 kinopoisk. ru、kino mail. ru、vsedoramy. net 上线中国影视剧、中俄合作拍摄影视剧、中国国际电视台俄语频道播放中国影视剧等不同渠道传播的中国影视作品中呈现的“中国形象”，结合俄罗斯纪录片中构建的“中国形象”，深入探究“中国形象”的影视表达问题，为中国影视作品进一步提升国际传播力和影响力，以及更好地塑造和传播“中国形象”提供有益借鉴。

国家形象是国家软实力的重要组成部分，包括国家主体的自我认知和国际其他行为主体对这个国家的认知，国家形象的构建依托于信息传播，国家形象无论对于国内民众建立民族自信心还是对于该国在国际世界树立地位都具有重要作用。国家形象可以反映在媒介活动中，可以根植于人们心中，也可以呈现在镜头影像中，是对一个国家的历史、政治、经济、文化的综合反映，是对国家民众的语言行为、生活方式、价值观念等的综合印象。国家形象既包含内部公众对自己国家及国人的态度、行为的认知，也包含外部公众对该国的国家整体、国家地理、国家文化、国民生活、国民素养的评价，体现了公众对国家形象的理性评价及感性态度。

第一节　俄罗斯人眼中的“中国形象”

在《中国国家形象全球调查报告(2018)》(当代中国与世界研究院对外传播研究中心,2019)中，俄罗斯对中国的整体印象排名较高，评分为7.4，对中国“一带一路”倡议的积极意义持肯定态度的俄罗斯受访者占比也较高。在中国参与全球治理领域中，文化以53%的比重位居第三，与科技和经济共同受到海外受访者的认可，在2019年的调查报告中，这一比例升至57%；海外受访者最希望通过媒体了解的信息领域中，选择文化的受访者达38%，仅次于科技信息的占比。在海外民众调研中，对中国最突出的印象是中国是历史悠久、充满魅力的东方大国，对中国国民最突出的印象是勤劳敬业和集体主义特质，其次是诚实谦虚、热情友善，但偏向传统保守。中餐、中医药和武术仍是海外受访者认为最能代表中国文化的元素，分别占比55%、50%、46%，认为孔子和儒家思想代表中国文化元素的受访者多集中在51—65岁。

一、俄罗斯媒体对“中国形象”的塑造

进入21世纪，俄罗斯媒体反映出来的中国是改革开放和经济飞速发展的形象，对于中俄两国高层的频繁互访及中俄两国人

民的丰富的交流活动的报道也凸显了中俄睦邻友好合作关系。俄罗斯民众对中国的认知主要来自本国媒体的相关报道，报刊、电视等传统媒体对中国形象的报道框架及网络新媒体的议题推送影响着俄罗斯民众对中国及中国人形象的认知。俄罗斯媒体报道的中国政府机构行为和经济建设动态是俄罗斯人眼中中国形象最直接和较为客观的来源。

俄罗斯学者亚·弗·卢金在《俄国熊看中国龙——17—20 世纪中国在俄罗斯的形象》中指出了中国在俄罗斯媒体中出现的频率较低的现象。对《独立报》《消息报》《莫斯科共青团员报》进行抽样统计后发现，中国出现在俄罗斯主流报刊的频率特别低，在《独立报》的 27 992 篇报道中，涉及中国的仅有 313 篇，在《消息报》的 71 855 篇报道中，涉及中国的仅有 982 篇，在《莫斯科共青团员报》的 89 021 篇报道中，涉及中国的仅有 411 篇，占比皆不超过 1.5%；而北京大学课题组在俄罗斯进行的社会调查显示，72.6% 的受访者通过俄罗斯媒体了解中国形象。（李玮，2016）近些年随着中俄两国关系日渐紧密，两国高层互访活动增加，民间团体交流日渐频繁，俄罗斯媒体对中国的关注度持续上升，中俄“国家年”活动及中俄互办电影节活动都得到了广泛报道。中俄外交活动直接带动俄罗斯各领域对中国形象的呈现。2019 年，中俄开启为期 15 年的中俄大熊猫保护研究合作项目，两只大熊猫“如意”和“丁丁”被送往俄罗斯，俄罗斯媒体拍摄了一部有关“如意”和“丁丁”赴俄之旅的纪录片，俄新社在莫斯科“电影之夜”活动中展映了这部纪录片。2020 年，俄新社关于中国的报道共有 15 502 篇，涉及政治、经济、军事、文化体育、社会科技等各领域，全面展示了中国形象。

俄罗斯塔斯社、俄新社等主流新闻机构对中国的新闻报道的主题类别十分全面，运用文字、图片、视频、动画等手段进行专题报道和常规新闻报道，Elshennawi Milla 博士在《俄罗斯主流新闻网站“TASS. RU”中的中国形象研究（2012—2017）》中对塔斯社的13 940篇中国新闻报道进行了实证分析后认为，塔斯社对中国经济、政治、文化方面的新闻报道以正面积极为主，涉及安全事故和政治冲突等话题时立场比较中立。对新闻报道的框架进行分析，可以发现主要采用了“合作中国”和“友好中国”框架，这些主题多样的新闻报道和正面肯定的报道立场为打造丰富多彩的中国形象和构建“友好中国”框架有很大助力。

俄罗斯新闻协会主席莫斯科大学新闻系董事局主席扎苏尔斯基教授在接受访谈时说，俄罗斯民众对中国知道的太少，他们没有渠道了解中国，有些人对中国的认知还停留在苏联时期，甚至更久远。莫斯科大学孔子学院院长任光宣教授也谈及俄罗斯对中国报道数量少的问题，而关注社会新闻的《莫斯科共青团员报》报道的涉华新闻中负面的信息较多。俄罗斯电视上播放的中国电视剧也非常少，偶见成龙、李连杰等的古装武打戏。俄罗斯媒体的报道有时会渲染移民、劳资纠纷等方面的问题，久而久之导致俄罗斯民众产生一定的警惕心理。中国外宣机构在俄罗斯的影响力在加强，中国国际电视台俄语频道虽然开播晚，但受访者中有38%与之有过一次以上接触。（李玮，2016）同时也有一些西方媒体在俄罗斯经常带有负面色彩地宣传“中国威胁论”，在媒体报道和社会生活的长期浸染下，俄罗斯民众对于中国形象的认知和议题会受到影响，造成“高层热民间冷”的局面。2014年，中国国际广播电台的《在华俄罗斯留学生的中国印象》调研显示，俄罗斯留学生来华前喜欢中国文化的比例为33%，亲身体验中国文化后表示认同的达到100%，来华前关注中国相关报道的仅占44%，来华后这一比例达到90%。俄罗斯留学生来华前对中国形象的认知与中国的实际情况有较大偏差，比如认为中国人都会武术、主要以自行车代步等等，这些都与其每日接触的俄罗斯媒体报道及周边舆论环境有直接关系。因此，亲身体会中国文化，亲眼看到中国的发展，是解决当前中国形象塑造不理想这一问题的直接方式，但实践起来非常复杂且可行性有限。利用中国影视作品形象化传递中国形象可以通过长期潜移默化的影响发挥积极作用，将中国文化的核心价值观、中国文化的发展现状生动具体地表现出来，使之更容易被接受和理解。

二、俄罗斯民众价值观层面对“中国形象”的认知

影视跨文化传播主要受两国民众的文化认知和评价的影响，特别是民族思想和行为遵循的价值观。树立文化自觉和文化自信都需要价值观对民族精神发挥引领作用，而折射在影视作品中的价值观念是使跨文化传播遭遇文化折扣的最主要因素，“道不同，不相为谋”，不认同影视作品的精神主题阻碍了俄罗斯民众对“中国形象”的准确认知。中华民族传统价值观的核心在于儒家思想的“仁义礼智信”，当代中国影视作品的精神植根于此，俄语频道译配的电视剧和纪录片也重在传递“仁”“义”“礼”“孝”等能够得到普遍认同的精神内核以及“天人合一”这一崇尚人与自然和谐相处的美好愿望。国家社科基金重大项目“我国对外传播文化软实力研究”课题组的调研结果显示，俄罗斯民众对中国价值观的认知程度有所不同，在1 083份回收问卷中，认同“礼”“天人合一”“孝”“仁”“义”的比例均超

过60%,具体见表4.1,中国是礼仪之邦的形象得到俄罗斯民众最多的认可。

表4.1　俄罗斯民众对中国人价值观的认可度

	仁	恕	孝	礼	义	和而不同	辩证思维	天人合一	共同富裕	和谐社会	以人为本	集体主义	都不同意
百分比/%	62.4	57.3	62.8	74.8	61.3	46.7	44.9	67.6	29.3	55.7	33.1	21.9	3.5

资料来源:中国国家社科基金重大项目"我国对外传播文化软实力研究"课题组2011年调查数据。

俄罗斯民众对中国不同形态的文化的认知对影视文化跨文化传播的影响更为直观。具体的中国形象表现在文学、艺术、建筑、语言、习俗等方面,体现了中华民族长久以来独特的生活方式,是中国影视作品吸引俄罗斯民众的重要文化元素。进入21世纪以来,中国文化元素在俄罗斯的普及度和认知度较高,普及度排在前十位的中国文化元素依次为:中餐、中国哲学、中医、中国电影、中国动漫、中国历史、中国文字、中国建筑与园林、中国绘画、中国名胜古迹。成龙、章子怡等电影明星在俄罗斯民众中的知名度较高。具体见表4.2及表4.3。

表 4.2　俄罗斯民众接触中国文化元素情况

	中国历史	中国哲学	中国宗教	中国文学	中国文字	中国名胜古迹	中国建筑园林	中医	中国工艺品	中国杂技	中国舞蹈	中国绘画
百分比/%	16.2	22.4	7.9	7.6	11.5	8.6	10.1	20.7	8.5	6.8	4.0	9.3
	中国服装	中餐	中国春节	中国功夫	中国电影明星	中国体育明星	中国电影	中国电视剧	中国戏剧	中国动漫	中国书籍	什么也接触不到
百分比/%	5.8	42.3	2.0	4.8	8.4	3.9	19.5	2.9	1.6	16.8	5.6	17

资料来源：李玮：《俄罗斯人眼中的中国形象》，北京：北京大学出版社，2016：134.

表 4.3　俄罗斯民众对中国文化元素的喜爱程度

	中国历史	中国哲学	中国宗教	中国文学	中国文字	中国名胜古迹	中国建筑园林	中医	中国工艺品	中国杂技	中国舞蹈	中国绘画
百分比/%	27.9	31.67	14.5	8.29	17.8	25.4	24.3	28.9	11.12	14.4	6.7	15.8
	中国服装	中餐	中国春节	中国功夫	中国电影明星	中国体育明星	中国电影	中国电视剧	中国戏剧	中国动漫	中国书籍	什么也接触不到
百分比/%	10.6	44.8	5.0	8.01	8.5	5.2	19.6	3.2	0.94	16.1	6.1	15.08

资料来源：李玮：《俄罗斯人眼中的中国形象》，北京：北京大学出版社，2016：134.

由表4.2和4.3可知，俄罗斯民众对中国电影、电视剧、动漫、电影明星的整体接触度和喜爱度较高，随着视频网站上中国影视作品的传播，接触到中国影视作品的俄罗斯民众的人数还在上升。影视作品可以表现的内容极其丰富，主题包容性强，俄罗斯民众想要了解的中国历史、中国哲学、中医、中国功夫、中餐都可以在影视作品中得到展现，经过艺术加工的中国文化元素更能吸引受众，而受众对中国文化元素的既有接触和认知又有助于解读影视作品。可以说，影视作品中的“中国形象”表达离不开俄罗斯民众对中国形象认知的大环境。如孔子学说在俄罗斯有较高的认可度，俄罗斯思想家、文学巨匠托尔斯泰高度肯定孔孟学说和老子思想。他评价孔子学说到达了“不平常的道德高度”，校订了《孔子生平及其学说》，同时翻译了《道德经》并给出了自己对这部著作的理解。“中国友谊之旅 · 中国行”记者团探访了孔子故里曲阜市，媒体采访了孔子后人，制作了孔子专题节目，加深了俄罗斯人对中国传统文化和思想的认知。截至2019年底，全球162个国家(地区)建立了550所孔子学院和1 172个中小学孔子课堂。2020年，俄罗斯共有17所孔子学院，分布在莫斯科大学(合作机构:北京大学)、圣彼得堡国立大学(合作机构:首都师范大学)、莫斯科国立语言大学(合作机构:北京外国语大学)、俄罗斯国立人文大学(合作机构:对外经济贸易大学)、新西伯利亚国立技术大学(合作机构:大连外国语大学)、伏尔加格勒国立师范大学(合作机构:天津外国语大学)、梁赞国立大学(合作机构:长春大学)、远东联邦大学(合作机构:黑龙江大学)、阿穆尔国立人文师范大学(合作机构:哈尔滨师范大学)、伊尔库茨克国立大学(合作机构:辽宁大学)、喀山联邦大学(合作机构:湖南师范大学)、乌拉尔联邦大学(合作机构:广东外语外贸大学)、下诺夫哥罗德国立语言大学（合作机构：四川外国语大学）、布拉戈维申斯克国立师范大学（合作机构：黑河学院）、卡尔梅克国立大学（合作机构：内蒙古大学）、托木斯克国立大学（合作机构：沈阳理工大学）、布里亚特国立大学（合作机构：长春理工大学）。语言不通是阻碍影视文化传播和外国民众认知中国形象的主要因素，“从语言入手，用文化交融，促民心相通”的孔子学院在促进中华文化传播方面发挥了重要作用。

李玮在《俄罗斯人眼中的中国形象》（2016）中指出，中俄两国在价值观、社会制度、国家利益和国家关系上的相互认同，促使两国政府高层间紧密合作，而社会文化和生活领域中的诸多不认同，以及“中国威胁”的阴影、中国人在以前存在的不良素质和行为，则导致一些俄罗斯民众对中国人有抵触与警惕心理，认知的不足及文化的差异使得中俄两国民众在文化层面还有一些误解。影视文化传播除了政府层面的推动，来自民间的交流及民众的认可尤为重要，俄罗斯民众喜欢中国的首要原因是“灿烂的文化”，以此为突破点可以更好地传播中国影视作品，树立中国文化形象。

三、俄罗斯学界具有认知“中国形象”的良好基础

俄罗斯学界一直很重视对中国发展问题的研究。俄罗斯科学院远东研究所东亚文明比较中心汇集了几十位各有专长的研究员翻译和研究中国传统典籍，向俄罗斯民众展示了具有深厚传统文化的多样中国形象，这些研究是动态的，与媒体上关于中国经济发展的报道互为补充，使中国的易经、武术、中医等广为人知。俄罗斯著名汉学家季塔连科院士主编并组织俄罗斯汉学界

的精英历时多年编写了六卷本百科全书《中国精神文化大典》，其中包括中国哲学、神话与宗教、文学和语言文字、历史思想和政治及法律文化、科学技术、军事六大门类。这六卷本百科全书得到了俄罗斯政界、学界和媒体的广泛赞誉。俄罗斯“孔子基金会”与远东研究所东亚文明比较研究中心联合开展儒学文化研究，研究成果也经常出现在媒体上，如 И. С. Смирнов 教授 2005 年刊登在《祖国笔记》上的文章《关于“中国仪式”、中国的先人和老人崇拜》，作者在文章中深刻分析了中国传统“孝文化”的演变及其在中国社会生活中的特殊作用及其体现的世界意义。俄中预测中心首席研究员拉曼诺夫的《软战胜硬：当代中国形象之建立》及《从“软实力”到“文化强国”：中国寻找自己的提升国际影响力之路》着力研究了中国为实现“中国梦”所做的各种努力，认为“中国文化是热爱和平的以及中国对世界产生影响靠的是文化。”汉学家们对中国文明秉持的正面态度和发表的研究成果对俄罗斯民众丰富对中国的认知以及对中国产生良好印象发挥了积极作用。

在梳理俄罗斯不同层面对中国形象的认知情况时可以发现，一方面，中国形象的塑造与中俄两国政府关系及俄罗斯外交政策有密切关联，媒体报道导向来自政府态度，而媒体报道立场又直接影响俄罗斯民众对中国形象的认知；另一方面，中国形象经常出现在与西方形象做对比的话语体系中，作为西方视野下的中国形象的折射，中国形象是俄罗斯思想结构中自身文化投射的“他者”，是基于俄罗斯文化的需要而建构出的形象，这直接影响了俄罗斯受众在解读中国影视作品时的出发点，使俄罗斯受众难以真正融入和深刻理解中国文化。

影视作品所反映和塑造的国家形象是经过艺术加工的形象，

其影像的直观性和艺术特质更容易被受众理解和接受，包容力和渗透力也更强，可以起到潜移默化间传播国家文化、塑造国家形象的作用。例如中国的功夫文化、饮食文化、茶道茶艺、京剧戏曲、民俗文化等都可以通过影视作品予以展现。同时，影视作品的创作题材选择具有与时俱进性，不同时期的影视作品可以折射出其所处时代的社会风气和精神风貌，反映出中国人在时代变迁和环境变化中的真实境况。影视文化也能促进各国文化的交融碰撞。影视作品能够通过镜头叙事与不同国家的观众建立文化关联，通过声光电效果给予受众愉悦的视听体验，使受众能够融入影视情境中，受到影视内容和主题的触动，形成共时性认知，从而达到传播国家形象、推进各种文化间交流的目的。

第二节　对俄传播的中国影视作品与“中国形象”表达

影视文化是现代社会文化的主导形式之一，对其他文化具有较强的包容性，通过塑造和传达艺术形象来反映国家形象。国家的经济形象、社会形象和文化形象都能够在影视作品中得到生动立体的折射，这种形象的展现具有艺术加工的成分，但总体上是基于社会生活现实、植根于中国人民精神土壤的。社会保障制度的完善、公共交通服务设施的完备、乡村振兴、经济飞速发展等等，这些对俄传播的中国影视作品的情节和内容都可以在现实生活中找到依据。中国丰富多样的艺术种类、雄伟奇特的建筑景观、各种风格的旅游胜地、根植传统的饮食文化等等更是影视作品展现的主要内容，可以折射出中国形象，让俄罗斯观众更加热爱中国文化。

通过影视作品塑造和传播积极的国家形象需要在制作、传播、融合等方面下功夫，既要有高质量的影视作品，又要有畅通的传播渠道；既要注重文化交流与建构，又要加强融合创新使民心相通。中国对俄传播的影视作品较多，但是传播力和影响力与好莱坞电影相比还有很大差距，要想解决这个问题，立足中国本土特色，准确把握俄罗斯受众的视听需求是关键。无论是主旋律电影还是仙侠武打剧，成为受众喜爱观看的主流影视作品才能更好地传播中国文化，塑造国家形象。清华大学雷建军教授指出，从影视文化塑造人物向塑造国家形象拓展是正确方向，应明确影视的价值观输出，从价值感向生活方式迁移，向艺术语言转化，回到电影作为大众流行媒介的本质。（《光明日报》，2018－11－14）如果说中国影视作品“走出去”是塑造中国形象的重要前提，那么讲好中国故事，展现中国的文化价值观，通过叙事手法和镜头张力来增强影视作品的艺术表现力、情绪感染力、思想渗透力，是塑造好中国形象的关键。从跨文化传播视角来解析中国影视作品文本，可以进一步挖掘中国影视作品的传播潜力，同时也有助于厘清“中国形象”在表达方面仍存在的不足，从而为进一步提升中国影视作品的国际传播力和影响力，更好地塑造和传播“中国形象”提供有益借鉴。

为了较为全面地展现对俄传播的中国影视作品所表达的“中国形象”，笔者在选择文本解读样本时兼选电影、电视剧和纪录片，主要结合军事战争题材、当代生活题材和功夫武侠题材审视对俄传播的中国影视作品，对这些作品在主题、叙事、人物等层面所体现的“中国形象”进行综合分析。文本来源主要包括中国电影节的展映影片、俄罗斯院线上映的中国影片、俄罗斯电影网站

kinopoisk. ru、kino mail. ru、vsedoramy. net 上的影视剧、中俄合作拍摄的影视剧、中国国际电视台俄语频道播映的电视剧及纪录片。

一、军事战争题材影视作品解析

在俄罗斯传播的中国影视作品中，军事战争题材是最早体现中俄友好关系的类型。因为中俄两国共同经历了反法西斯战争，苏联在中国抗日战争和人民解放战争中扮演了重要角色，在新中国建设初期给予了社会主义援助，因此军事战争方面的内容被多次创作为影视作品而得到广泛传播。比较典型的作品有电视剧《钢铁是怎样炼成的》《这里的黎明静悄悄》《莫斯科行动》《列宁和他的中国卫士》及电影《战火中的芭蕾》《金陵十三钗》《血战湘江》《那些女人》《最可爱的人》等。

（一）置于历史背景中的悲剧叙事模式

在俄罗斯的电影网站上有大量走向国际化的中国影片受到观众喜爱，评分较高的影片中有一部分是以中国古代战争为故事背景的，对这些影片进行文本分析，可以发现它们具有共同的叙事模式。

《满城尽带黄金甲》（2006）是中国第一部在多国同步上映的影片，具有较高的国际知名度，经常出现在俄罗斯电影论坛上，影片中气势恢宏的大场面和强烈的视觉冲击效果给网友留下了深刻印象。俄罗斯网友盛赞影片中巩俐、周润发、刘烨等演员的表演张力，尤其是刘烨饰演的太子的隐忍和矛盾的情绪，富有戏剧性。这部影片也让部分网友慨叹亲人的疏离，周润发饰演的大王这一角色被痛恨，被称为"敏感的暴徒"。俄罗斯观众将这部影片与张艺谋导演的《大红灯笼高高挂》《十面埋伏》进行对比，认为这是一部充满莎士比亚激情的电影，规模宏大，带有意大利电影的庄严感，肯定了电影体现出的场面调度和史诗风格。同时俄罗斯观众由于不了解《雷雨》，所以对剧情和人物的把握还不够透彻，无法深入评析影片，而更加注重镜头语言所表现的视觉效果和演员的表现，影片中的宫殿造型、仕女服饰、发型妆面等也成为讨论话题。导演在影片中所设置的“菊花”这一意象鲜有俄罗斯观众提及。

《金陵十三钗》(2011)这部影片有译名《南京英雄》《战争之花》，在俄罗斯被译为«Цветы войны»(《战争之花》)，影片的故事以抗日战争时期的“南京大屠杀”为背景，讲述了1937年被日军侵占的中国南京的一个教堂里，互不相识的人们之间发生的感人故事。一个为救人而冒充神父的美国人，一群躲在教堂里的女学生，14个逃避战火的风尘女子以及殊死抵抗的军人和伤兵，他们在危难的时刻放下个人的生与死，去赴一场悲壮的死亡之约。电影开篇为观众呈现了变为死城的被入侵的南京，日军到处烧杀抢掠，李教官带领的教导队余部离安全出城只有一步之遥，但是为了救一批女学生而选择放弃生的希望，不做亡国奴，最终与日军同归于尽。仅存的李教官为了保护教堂里的学生们一直守护在教堂外，放弃了安全撤出的机会，以一人之力杀死袭击教堂的全部日军，又一次保护了女学生后最终献出了生命。14个风尘女子和女学生是不同世界的两个群体，秦淮风尘女子美艳动人，女学生单纯、善良、不谙世事。但是这两个群体在关键时刻都救了对方：第一次风尘女子有难时，女学生们本可以藏进地窖，但为了不让秦淮女被发现而选择了离开；第二次女学生们被日本人叫去唱赞歌时，风尘女子选择替她们赴死。而那个本是入殓师的假神父从贪恋美色到关键时刻挺身而出极力保护女学生和风尘女子。影片不仅有与日军周旋对峙的紧张,还有内部的矛盾冲突,整体基调是压抑而紧张的。影片在俄罗斯上映时的译名为«Цветы войны»,体现了对这些秦淮风尘女子的讴歌,她们并非"商女不知亡国恨,隔江犹唱后庭花",她们也仇恨敌人,愿意用生命守护女学生们纯洁的生命,告诉女学生"替我们好好活着",她们用鲜血和尊严奏响了《秦淮景》的壮丽乐章。"南京大屠杀"的真实场景要比影片所表现的更为血腥残忍,这部影片是正视历史、祭奠那些为抗击敌人而牺牲的众生的史诗巨作。影片的结尾,神父开着卡车带学生们逃出了南京,而秦淮风尘女子则被装进前往日军驻地的卡车,她们将面临什么,影片没有交代,但观众都知道她们将进入比死还可怕的魔窟。

这部影片在kino. mail. ru网站有490位网民参与评分,得分为7.8分,排在中国影片得分榜的第四位。俄罗斯观众评价《金陵十三钗》体现了亚洲电影的冒险精神,是一部关于英雄主义的电影,关于自我牺牲的电影。Леонид Егоров评价说,当人们一无所有时,死亡就在眼前,她们死得非常庄重而美丽,影片表达了具有纯粹东方色彩的对与错的概念,即不能与良心相悖。① 也有网友评价说,影片中男主演为美国演员,故事发生在教堂,是想将西方的宗教和东方的神话结合起来,这是徒劳的。男主角约翰本可以藏在柜子里等日本兵走了再出来,但是他假扮神父想要保护这些女孩,这个情节有"китайское героическое фэнтези"(中国式英雄幻想)。一位只因主演克里斯蒂安·贝尔而观看影片的观众Валентина Мещерякова说,亚洲的文化和世界观对他来讲是陌

① https://kino. mail. ru/。

生的，但是这部影片让他感动，影片表达了战争中为了拯救孩子而进行道德重生的思想，以及假神父、社会底层的女人们从自私转向自我牺牲的精神重塑。《战争之花》是最适合影片的标题，因为影片中的秦淮风尘女子像鲜花一样脆弱而无力御敌，她们是战争中无辜的受害者，饱受战争之苦，但是她们的壮举是美好而值得尊敬的。另一位观众 Наталья Величанская 认为这部影片在体现爱国主义方面非常成功，演员的表演、影片的配乐和“艺伎”的英雄气概是让影片成功的关键，狙击手对抗日军的画面让人印象深刻，虽然影片中的情节有英雄主义和童话色彩，但是依然让观众期待奇迹发生。

俄罗斯电影网站上播放量较高的《王朝的女人 · 杨贵妃》融合了传记、爱情、战争多种元素，以东罗马帝国使者的视角来看待大唐盛世之下的中国和中国宫廷争斗的爱恨情仇。影片开篇，唐明皇要求使者演唱哀歌——为了纪念战争中死去的将士，他将边疆之战的庆典改为丧典。丧典上杨玉怀一舞翩若惊鸿获大唐皇帝倾心，“其哀宛如舞自己”。安禄山叛国之乱让大唐遭受了前所未有的危机，也让杨玉环被当作祸国妖女，马嵬坡上杨玉环被白绫勒死也没有保住唐明皇的帝位，让二人的不伦之恋更加悲情。“马嵬坡下泥土中，不见玉颜空死处”，“安史之乱”中女人成为政治斗争的牺牲品。俄罗斯网友评价这是一个凄美的爱情故事。芭蕾舞剧《长恨歌》再现了这一故事。

（二）从创作角度看军事战争题材影视作品的故事表达

电视剧《钢铁是怎样炼成的》(2000)根据奥斯特洛夫斯基同名小说改编拍摄而成，彰显了主人公保尔 · 柯察金身上的勤劳勇敢和坚强意志，他自强不息的精神和勇斗残疾的故事一直感动着中国人民。电视剧创作组在谈及改编小说的原则时表示,要加快节奏不拖沓,要在人物、故事上深入刻画保尔的形象,突出人情化和人性化。电视剧全部选用俄罗斯演员拍摄,在剧本创作方面没有过多使用中国影视剧在刻画人物时常用的白描、独白等手法。在故事讲述方面,为了创新,电视剧对原著改动较大。奥斯特洛夫斯基在原著中曾经说过:"我在书中描写的远不是一个保尔,而是千千万万个柯察金。"剧中突出展现了保尔的人物形象,谢廖沙等人的形象则不如原著中那样饱满,多数情况下只是起到了烘托保尔的作用。为了让故事更加生动,电视剧加入了情感线索,但因为过多重复性的正反面角色对比反而让保尔的形象过于"完美",比如与弗罗霞、冬妮亚、丽达、安娜的情感线索,而维克多、丘扎宁、杜巴瓦等都是作为负面形象出现的。另外,保尔在铁路工厂担任保管员时单兵作战、好大喜功的行为明显具有现代解读的痕迹,偏离原著及时代情境。这部剧反映了21世纪中国影视创作者的国际视野,体现了对具有普遍意义的人道主义和生命价值的反思,也是致敬苏联经典的突破性尝试。但是当时媒体统计后发现,该剧的收视率及青年群体的关注度并不高,同期的《贫嘴张大民的幸福生活》更胜一筹,可以说,如何创新经典历史题材值得中国影视创作者做深入思考。

《这里的黎明静悄悄》(2005)是中俄合拍的电视连续剧。该剧改编自瓦西里耶夫的中篇小说《这里的黎明静悄悄》。苏联著名导演罗斯托茨基曾将原著改编为电影,并获得威尼斯国际电影节纪念奖、全苏电影节大奖、第45届奥斯卡金像奖最佳外语片,影片讲述了苏联卫国战争时期,准尉瓦斯科夫带领丽达、里莎、嘉尔卡、索妮亚、热尼亚五位女战士与入侵的德军开展激烈战斗的故事。中俄受众对小说原型及电影情节都非常了解,这为电视剧的传播和解读奠定了基础，根据接受美学原理，原本对作品的熟识程度和期待视野会影响受众对新作品的接受。《这里的黎明静悄悄》蕴含爱国主义和人道主义精神，表达了对战争的控诉和对和平的渴望，同时也唱响了敬畏生命和不忘历史的赞歌。作为主旋律电视剧，中国创作团队充分调用了观众的历史文化积淀，在剧情设置和结构安排上逻辑严谨、张弛有度。电影中通过镜头闪回的手法将五位女战士过去与现在的生活相衔接，通过对比产生视觉上的冲击，鲜明地表现出残酷的战争打破了人们原本的生活，折射出五位女兵的坚毅精神。相比较而言，电视剧有更充足的表现空间，借助大量生动的细节展现了发现德兵前闲适有趣的军旅生活，通过丽达探望儿子的情节使人物更加有血有肉，让战争与家庭产生联系，使战争对温馨生活的摧毁更令观众感到心痛。电视剧加入了许多可以渲染情绪、突出人物形象的典型事件，当女兵的八管高射炮迅速而准确地向敌机射击时，当部队穿过湍急的河流、冲破大森林的屏障、向新的山坡冲击时，准尉、中士和丽达站着的形象尤为伟岸，准尉对这些女兵的不满仿佛都烟消云散。每一位女兵的故事都很丰满，这并未影响整体剧情的发展与交叉，反而有利于挖掘女兵人物特点的形成原因。比如神秘的丽达集合时迟到，吃饭时把面包藏起来，偷偷坐军车去后方看望已经不认识她的儿子阿利克，睹物思人、触景生情，她和爱人之间唯美的爱情和爱人牺牲后的生活，让观众更加理解她的心情。热尼娅初到会让站的出场是为牺牲女士兵朗诵西蒙诺夫的长诗《等你归来》：“只要你一心一意地等待。不论阴雨连绵，愁肠百转，不论大雪纷飞，酷暑难耐，哪怕别人已不再等待，把往昔的一切忘怀，哪怕慈母、爱子已确信，人世间我已不存在，哪怕朋友们已厌倦……你要一心一意地等待。等着我吧，我会归来。死神注定要失败,谁不曾等待,就让他感到意外。"诗中充满了哀恸,同时又不乏对未来的憧憬,希冀战胜死神、我心永存。后续穿插了热尼娅亲眼看到亲人死在德军枪口下的一幕,所以这首长诗既有她对牺牲战友的送别,也有痛失妈妈、弟弟和妹妹的悲伤,更有对德军残暴行径的控诉和仇恨。五位姑娘牺牲了,结尾处准尉瓦斯科夫带着新婚的阿利克来告慰她的妈妈丽达,这是战友丽达的嘱托,也是所有女战士所向往的和平年代的美好场景。

(三)基于情感羁绊的影视剧中的中俄友好形象

中俄两国有着深厚的友谊,践行"世代友好"的理念,建立了中俄新时代全面战略协作伙伴关系。中俄两国拥有丰富的文化资源和文化交往传统,在文化交融和相互影响下,中俄友好形象一直是影视文化表达的重要内容,近年来在电影、电视剧、纪录片中都能发现从不同角度塑造的中俄两国人民情谊。

《战火中的芭蕾》(2015)是中俄合作拍摄的电影,由中国导演董亚春执导,八一电影制片厂和华夏电影发行有限责任公司等联合出品,中俄两国演员共同参演,尼基塔·米哈尔科夫监制。这部影片以东北边陲小镇上东北抗联部队带领老百姓与苏联红军同仇敌忾、共同抗日的故事为背景,故事原型是真实历史事件——抗日战争中发生在黑土地上的"最后一战"。1945 年 9 月 12 日即日本在第二次世界大战中宣布投降的第 28 天,300 多个日本军人潜伏在黑龙江中俄边境的小镇丛林中,东北抗日联军与苏联红军合作将其剿灭。导演董亚春结合那个时代民众保家卫国的民族大义,在影片中塑造了多个在战争硝烟下普通民众的战斗英雄形象,正如导演所言:"身处战火中的每个人,都在灾难来临之际迸发出巨大的力量,而这力量的源泉,正源自对爱的坚守和对生命的信仰。”影片的女主人公鹅儿美丽善良，在面包房跟随来自俄罗斯的柳芭大妈学习芭蕾舞，她与父亲、母亲和弟弟不顾自身生命安全救下了苏联侦察兵安德烈，他们坚韧不屈，反抗日军的压迫。影片中将中苏共同抗击日本侵略者的同仇敌忾与中苏两位恋人的真挚情感交织糅合为一条主线，完成了影片的诗意叙事，将日军的残暴和对中国人民的欺凌刻画得真实而富有冲击力，展现了在日军侵略和残酷统治下劳苦大众的坚韧不屈和顽强精神，同时也讴歌了中苏军队共同抗击日军的革命友谊和中苏两国军民患难与共的战斗情谊。影评家林夕竹在《光明日报》刊发评论指出，《战火中的芭蕾》试图通过展现爱情的美好让人们反思战争的残酷。(《光明日报》,2015 - 09 - 14,14 版)爱情故事的主人公就是中国女孩鹅儿和苏联士兵安德烈，他们的爱情充满了诗意和信念，是关乎生死的唯美爱恋。整部影片通过诗意和唯美的画面叙事来传递情感，反对战争，彰显人道主义情怀。皑皑白雪下的边陲小镇，面包房里认真练习的芭蕾舞者，金黄色白桦林中翩翩起舞的红衣女孩，充满象征意味的苏联经典歌曲，无不流露出人们对美好生活的向往。影片多处运用了蒙太奇手法，安德烈带领的苏联红军与中国东北抗日联军以及中国民众，与日本侵略者在山里展开“最后一战”，激烈的双方对抗画面和柳芭大妈的焦急不安、鹅儿跳芭蕾的画面随着《天鹅湖》时而高亢时而低泣的音乐而交替出现，当安德烈中弹倒下时，鹅儿的芭蕾舞和音乐也戛然而止，交叉蒙太奇将战争的残酷、母亲的关切、恋人的忧伤融为一体，当一席红衣的鹅儿在尸体遍陈的战场找到安德烈时，痛苦绝望的表演也让观众的心紧紧揪在了一起。两代人，一段情感，苏联母子与鹅儿一家的情感感人至深，塑造了特定历史情境下中苏情感羁绊的典型；一场战役，一支舞蹈，对战争的反思和对美好生活的讴歌通过影像生动地展现了出来，使影片成为中俄电影合拍的经典作品。

如果说《战火中的芭蕾》中的爱情和战斗情谊饱经炮火洗礼，那么《战斗民族养成记》中的爱情则是中俄两国文化鸿沟的弥合。“一带一路”倡议及中俄两国外交关系的良性发展使中俄两国的文化交流日益频繁。电视剧《战斗民族养成记》在豆瓣的评分高达9.1，已经成为俄罗斯电视剧的典型IP，在中国观众中有较好口碑，因此中俄两国在2017年签订电影合拍框架协议时将拍摄《战斗民族养成记》同名电影选为项目之一。该电影由雷光林和安德烈·佐洛塔廖夫共同编剧，阿卡季·萨何拉什维利和夏昊共同执导，中俄两国演员共同出演，实现了两国电影创作的深度合作，并于2019年1月在中俄两国同步上映。影片中，彭鹏和伊拉的跨国恋始于中国，影片中除了爱情之外，还有伊拉与彭鹏妹妹的友情，彭鹏爷爷与苏联红军共同战斗的历史情谊。彭鹏不远万里去俄罗斯找伊拉，两人的爱情却真正开始面对考验。在这场爱情保卫战中，最大的冲突来自女婿和准老丈人的分歧，为了突出爱情喜剧主题，影片利用文化差异制造了多个笑点，试图通过这些笑点和背后的情感议题引发中俄两国观众的共鸣。伊拉的父亲安纳托利为彭鹏设置了很多障碍，伏特加、前男友、冰雪、捕熊都是让彭鹏知难而退的结构要素，影片叙事借助彭鹏不断战胜困难后遭遇更加严峻的考验来推进，最终彭鹏为了救妹妹开坦克冲进警察局的举动赢得了安纳托利的认可，体现了拥有不同文化背景的两个人从冲突到磨合，最后逐渐相互体谅和理解的过程。这部影片中，安纳托利和管家等人在一开始对这个来自中国的亚洲人是不抱友好态度的，与彭鹏、伊拉在中国生活时的欢快轻松的氛围形成强烈对比，体现了不同文化的冲突及情感上的对立。在三段式叙事结构中,随着彭鹏不断地闯关、通关,他周围的俄罗斯人对他逐渐改观。当彭鹏在经历了种种质疑和考验后感到身心疲惫想要离开时,安纳托利被他信中的言语打动,反而接纳了这个中国女婿。影片中虽然有些剧情的转折稍显突兀,但确实折射了分别来自中国和俄罗斯的主人公克服文化冲突和解决情感矛盾最终走向友好的过程。

(四)塑造钢铁硬汉形象展现中国精神

新时代中国影视剧中涌现出了一批以爱国主义为核心的中国硬汉形象,他们身上体现了民族认同感和自豪感,传递了不屈不挠、英勇善战、团结一心的中国精神。2014 年上映的电影《智取威虎山》以发生在 1947 年的历史事件为基础而改编,用现代视角再现了主旋律故事,塑造了卧底潜入威虎山土匪窝拿到东北九岭先遣军分布图的英雄人物杨子荣。2016 年的电影《湄公河行动》改编自发生在 2011 年 10 月的“湄公河惨案”这一真实事件,讲述了中国缉毒特别行动小组潜入“金三角”查明真相、抓捕幕后黑手的故事。这些缉毒干警为了保护中国人民投身到最危险的战场,硬汉但不冷血,影片通过典型事件的穿插将爱国情、兄弟情、亲情、爱情诠释得恰到好处,所传递的中国力量感染了无数观众。

电影《铁道飞虎》(2016)在俄罗斯梁赞市举办的中国电影节上面向俄罗斯观众进行了展映,与以往较为严肃的《铁道游击队》《地道战》等影片不同的是,这部影片是一部抗日喜剧电影,将动漫和当代潮流元素融入其中,以轻松诙谐的手法讲述了悲壮的英雄群体故事。可以说,这部影片是对经典红色主题的主旋律电影的重构,另辟蹊径找到了与当代受众喜好的契合点,且因为成龙在俄罗斯具有较高知名度和较强影响力,成龙式的幽默及打斗被俄罗斯受众喜爱，所以影片在中国电影节展映时备受青睐。影片以一位儿童参观火车博物馆的好奇心为切入点，那张可爱又奇怪的"小飞虎"卡通画吸引了他的目光，当一扇通往历史的门打开，"小飞虎"队里的业余裁缝大海、搬运工头马原等铁道工人们相继出现，他们利用自己的工作经验成功阻击日军突袭，并为百姓夺取生存补给。喜剧电影的定位也使得影片并未完全忠实于故事原型枣庄铁道游击队，而塑造了更加具有童趣和草根性的"小人物"英雄，展现爱国精神的同时也让观众看到了江湖侠义文化。枣庄游击队受当地墨侠文化影响，行动缜密、目标明确、服从指挥，而港式武侠文化注重体现"小人物完成大任务"，突出了飞虎队的民间智慧和英勇果敢。这些身手利落擅长爬火车和飞檐走壁的飞虎队员，虽然只有一只非常粗糙的长着翅膀的老虎队徽，但是他们有理想有抱负，为了家仇，为了完成八路军战士大国死前的嘱托，他们带着侠义和勇敢"干大事"，炸掉了日军的交通要道韩庄大桥。有影评批评"干大事"的飞虎队无形中弱化了八路军的力量，且影片中日本人的形象普遍过于愚笨，不利于青少年对历史文化形成准确认知。但这部影片在宣传时并未将自己定义为"主旋律作品"，虽然《铁道飞虎》没有将飞虎队的革命精神上升到至高境界，中国国内给电影的评分不高，但仍让俄罗斯观众对铁道游击队勇于与日本人做斗争的侠义精神印象深刻。在飞虎队进入绝境即将死去的时候，也是八路军队伍及时赶到救了他们，并赢得了炸桥的时间。成龙大哥和飞虎队员们的各种动作技能比特效更让俄罗斯观众着迷，"劫火车""救伤员""搞炸药""劫囚车""炸大桥"，每个段落的故事之间衔接顺畅，每个段落都有典型的动作情境表现喜剧式打斗场面，突出了影片的功夫喜剧特色。影片采用的开放式结局可谓是点睛之笔，虽然飞虎队的几位英雄随着大桥被炸，但是结尾又出现了他们的笑容，这也是功夫喜剧所表达的对抗日英雄的敬意，这种保家卫国的精神千古流芳。

电视剧《莫斯科行动》(2018)根据1993年5月发生在中俄列车上的真实事件改编。20世纪90年代，很多中国“倒爷”到俄罗斯卖各种商品，北京通往莫斯科的火车K3列车上经常发生“打砸抢”犯罪事件，因此，中国派出以陈尔力为首的警察小分队与莫斯科警方联合击破犯罪团伙，这一事件直接推动中俄签订《中华人民共和国和俄罗斯联邦引渡条约》以加强两国在打击犯罪方面的合作。这部剧通过五人组的机智勇敢和北京警方的强力支持彰显了中国警察风骨和中国力量，中俄联手捣破犯罪团伙也展现了中俄合作打击犯罪的决心。这部电视剧在中国国内的评分并不高，观众质疑的焦点是剧中过于美化正面人物，而将负面人物塑造得过于愚笨。俄罗斯观众也表达了类似的观点，认为剧中俄罗斯警方的形象过于负面，虽然有联合行动，也给予了中国警方一定协助，但那是北京警方运用智慧争取来的，因此剧中种种情节安排似乎只是衬托了正义勇敢的中国警察。一位俄罗斯观众诚恳地评价道：“故事原型很好，演员表演和细节表现也十分到位，但他们不了解莫斯科，也不知道犯罪分子和帮派的背景，没有表现出真实的俄罗斯，在我们看来过于幼稚。”①这一批评是犀利而中肯的，中国影视剧的制作和传播都应建立在对他国文化进行准确表现的基础上，虽然艺术允许虚构和加工，但是事实原型是一切艺术的出发点，为了还原案发现场和追捕过程，《莫斯科行动》剧组深入莫斯科拍摄长达90天，可谓用心制作，但是结合俄罗斯

---

① https://vsedoramy.net/。

媒体的报道可以了解到,20 世纪 90 年代,中国大量“倒爷”进入俄罗斯,由于“抢地盘”等争斗事件而给俄罗斯人留下了很多负面印象,这些负面印象时至今日仍未能完全消除,剧中却多处将中国商贩塑造成被俄罗斯警察欺负的形象,难免会受到质疑。

电影《战狼Ⅱ》(2017)塑造了刚毅果敢的冷锋及舍身奉献保护国民的一批硬汉形象,更展现了中国的责任与担当。这部电影在中国创票房纪录,且被媒体评价为“2017 年中国最具影响力影片”,代表中国主旋律电影走上世界舞台。但这部影片及其前作《战狼》在网站 kinopoisk. ru 及 kino. mail. ru 上的点击量并不高,评分仅为 5.8,此外,《战狼Ⅱ》在北美市场的上映情况也与其在中国国内的热度形成极大反差,究其原因,文化价值观的差异和冲突使国外观众很难产生情感共鸣。由于《战狼Ⅱ》在中国的票房奇高,所以很多俄罗斯观众带着极高期望来观看这部影片,但与中国国内观众不同,他们以旁观者立场来看待影片情节,认为部分情节脱离实际,比如沿着水面发射的子弹在几百米的距离外击中飞行员额头,且影片中中国文化元素不突出,影片整体反而更贴近好莱坞风格。影片最让国人受触动的爱国主义精神未能出现在俄罗斯观众的评论中,部分俄罗斯观众对这部影片给予高度评价的原因是认为这部影片具有巨大的视觉吸引力,是近代以来最具张力的亚洲动作片之一。整部影片叙事紧凑完整,富有戏剧性——一位被开除军籍的男主角成功营救了被困在战区的同胞并且为挚爱的姑娘复仇,影片中的打斗动作和坦克战都让观众十分着迷。影评人 Alex Croft 认为影片在剧情设置上缺乏连贯性,没有与第一部形成紧密联系,但也恰是如此,导演及主演吴京和整个电影创作团队拍摄了一部真正大规模、史诗般的动作电影,《战狼Ⅱ》的质量超越了第一部。虽然视觉效果是其最大的优点，但整部电影几乎挤满了战斗、射击、追逐、爆炸和破坏，难免让人紧张及产生视觉疲劳。主演吴京的表现得到了肯定，Alex Croft认为其塑造的几乎坚不可摧的“冷锋”形象非常有吸引力，最后与Grillo对决的场面也很吸引观众。Евгений Колпаков 同样对《战狼Ⅱ》对第一部的超越给予了肯定，认为影片中的水下战斗、枪击、格斗、爆炸、坦克袭击等场面都十分震撼，是呈现给动作电影的影迷们的大餐！Робин Локсли 评价这部影片中的动作和表演使其完全沉浸在影片中，但仍强调其动作的视觉冲击。①

对近20年中国影片在俄罗斯的获奖情况进行统计后可以发现，在获奖的27部作品中有11部为军事战争题材电影。获得第10届奥泽洛夫国际军事电影节最佳女主角的影片《湘南起义》(2012)讲述了1927年10月南昌起义后，朱德、陈毅带领队伍与敌人战斗、周旋的故事。电影《吴运铎》(2011)塑造了中国兵工业的开拓者吴运铎这一励志英雄形象，该片为建党90周年推介影片，获得第11届奥泽洛夫国际军事电影节最佳导演奖(安澜)和最佳视觉效果奖。影片讲述了在中国兵工业发展起步晚、发展环境差的不利条件下，只有小学五年级文化的吴运铎不断钻研和创新，从模仿敌人子弹开始到开发大炮，一步一步成长为兵工专家，虽然因为炮弹试验三次重伤，仍坚持信念为中国兵工业事业发展做出贡献的感人事迹。获第13届奥泽洛夫国际军事电影节评委会金剑大奖的《那些女人》(2018)为我们讲述了抗日战争期间一群不同身份、性情各异的女子，在国仇家恨面前，抛弃前嫌，不计恩怨，与日寇、汉奸和汪伪特工巧妙周旋、斗智斗勇，最后不惜牺牲自己的生命，在血与火的洗礼中涅槃永生的故事。电影评论家

① https://www.kinopoisk.ru/。

赵葆华认为,《那些女人》给娱乐狂欢的中国电影注入了家国情怀,给充斥着胭脂气的中国银幕注入了英雄气概,告诉我们什么是中华民族精神。陈力导演的《血战湘江》(2017)是一部以1934年红军渡湘江为背景的战争电影,塑造了为掩护主力部队突破封锁渡湘江而英勇奋战的红军34师官兵的英雄形象。影片获得第15届奥泽洛夫国际军事电影节最佳视觉效果奖,启文沛获最佳音乐奖,孙维民获最佳男配角奖。获得第15届奥泽洛夫国际军事电影节最佳摄影奖和俄罗斯老战士协会特别奖的《勇士》(2016)是宁海强导演、八一电影制片厂出品的战斗片,讲述了红军长征过程中强渡大渡河时,红四团二十二名突击队员飞夺泸定桥为红军开辟生命通道的故事,在枪林弹雨中突击队员穿越天险不畏强敌,尽显中国红军英勇气概。电影《空天猎》(2017)获得第16届奥泽洛夫国际军事电影节最佳导演处女作奖金剑奖,讲述了中国空军精英"霸天狼"中队在境外天空进行反恐救援的故事,被称为"中国首部现代空战大片",体现了中国空军战略预警、空中对决、远程投送、山谷突击等能力,彰显了中国空军的职责与荣耀。电影《建军大业》(2017)是献礼中国人民解放军建军90周年的历史片,与《建国大业》《建党伟业》并称为"建国三部曲",主要讲述1927年第一次国内革命战争失败后,中国共产党为挽救革命,于1927年8月1日在江西南昌举行八一南昌起义,从而创建中国共产党领导的人民军队的故事,影片获得第16届奥泽洛夫国际军事电影节评委会奖。获得第18届奥泽洛夫国际军事电影节评委会奖的《最可爱的人》(2020)是一部抗美援朝题材的衍生网络电影,这部电影源自家风主题电视系列剧《家道颖颖》,取材于真实的抗美援朝故事,塑造了抗美援朝战场上可爱的战士形象。影片中张成人的爷爷是位皮影戏表演艺人,肩负为北平共产党人秘密运输药品、电台等稀缺物资的重任，最后为了掩护重要物资与敌人同归于尽。张成人和张凤英成为抗美援朝的战士，凤英也在敌人轰炸中牺牲，张成人为了掩护战友离开没能第一时间来救师姐，因而更加痛恨敌人，便报名上前线参加了上甘岭战役，和班长一起在敌人枪口下取水，为战士演唱《阿里郎》，为炮兵连运送弹药争取时间。“好男儿，站着活”，爷爷的精神不断传承，张成人的孙子后来成为一名消防战士。这部网络大电影只有 40 分钟，采用两代人生活穿插的手法，通过皮影戏谱、烟袋、铝饭盒、茶缸子，带领观众追忆那段抗美援朝的日子，用典型事例生动地再现了抗美援朝的中国人民志愿军的英勇无畏和真挚战友情，最后孙星的宣誓更深化了主题，让代代传承的保家卫国为人民的家风感动了无数观众。

二、当代生活题材影视作品解析

大众文化形成的资源，是跨越一系列社会差异流通的。（约翰·费斯克,2001）约翰·费斯克认为大众文化是创造性的实践活动，具有生产性、差异性和对抗性，其对生产者文本的阐释吻合当前大众文化消费的趋势，大众文化的生产性意指消费者不是被动的消极的消费者，而是具有积极主动性的生产者，可以从影视作品中生产出属于自我的意义体系。这一受众主体性的研究视角是跨文化交流与传播中突出双方主体性的重要依据，忽视了中国影视作品对俄传播的受众主体性可能会陷入单向传播的尴尬境地，因此应将对俄传播的中国影视作品看作“生产者文本”，从俄罗斯受众的“生产式”解读出发进行内容梳理和形象分析。同时，应对影视作品中的中国形象进行多元符号解读，不能忽略受众个体受到的所在社会结构的话语体系的影响。

了解一个国家的民众从体验他们的生活开始，依据议程设置理论，如果媒体给予某议题更多的报道和强调，受众就会更容易形成与媒介议题相对应的个人议题，由此可知，俄罗斯传统媒体和网络平台对中国相关议题的报道会对俄罗斯民众对中国形象的认知产生影响。除了直接宣传所带来的认知提升，当代生活题材影视剧可以潜移默化地让俄罗斯民众了解中国，并通过了解中国人的生活来了解中国人的价值观念。观看电视剧是日常生活中常见的消遣方式，因此，电视剧具有强有力的媒介力量，能通过长时间的"培养"产生长效作用，其内容和蕴含的思想及价值观更易于观众理解和接受。

笔者选取不同年代和题材的影视剧进行文本分析，希冀绘制中国影视剧在俄罗斯传播的中国当代生活形象全景图。聚焦展现中国百姓当代生活图景的影视剧，这些影视剧以反映不同职业和领域的普通民众的家庭生活、情感关系、伦理道德、职业境况等为主题，无论是展现中国年轻人职场竞技和创业精神的《安家》《创业年代》，还是反映家长里短的《新上门女婿》《家有公婆》《裸婚时代》《二胎来了》，都能从中看到中国社会的发展变迁、中国经济的蒸蒸日上、中国民众的多彩生活，这些影视作品的对俄传播在一定程度上改变了俄罗斯受众对中国形象的认知，使俄罗斯受众摆脱了对中国贫穷落后和中国人封建迷信的偏见。

（一）家庭伦理剧中的中国人物形象

家庭伦理剧是很多中国观众茶余饭后的消遣，艺术真实来源于生活真实，家庭伦理剧中的家长里短和情感纠葛往往是社会真实生活的写照，体现了剧中时代的社会风貌与精神。自《媳妇的美好时代》在非洲热播以来，让国外民众可以通过家庭伦理剧了解中国老百姓的真实生活状态，掀起了中国电视剧“走出去”的热潮。中国传媒大学戴清教授认为，《媳妇的美好时代》等文化产品能够扣合当地人的审美神经，发挥建构积极国家形象的作用。（吴月玲，2013）因为家庭伦理剧可以规避社会意识形态等容易引发文化不适的问题，方便找到中外文化的契合点，所以家庭伦理剧是对俄跨文化输出的先锋，在中国国际电视台俄语频道投放的42 部电视剧中有 27 部是家庭伦理剧，如《家有公婆》《裸婚时代》《老大的幸福》《大女当嫁》等，而在网站 vsedoramy. net 上的 665 部中国电视剧中，家庭伦理类型的有 173 部，在所有类型中占比最高（截止到 2021 年 4 月）。家庭伦理剧包含了中国社会的夫妻关系、职场关系、姻亲关系、亲子关系等，通过日常生活情境可以展示广阔的社会内容，以及各类社会角色的为人处世和伦理道德，也可以直击婚姻经营、养老敬老、子女教育过程中可能出现的矛盾与问题，展现人们在社会转型期和个人成长期的心路历程以及为追求美好生活而付出的努力，所以家庭伦理剧并非只有家长里短，而是将中国传统价值观蕴含其中，并将其与中国在社会转型期所呈现的家庭新风貌相融合，让俄罗斯观众看到更加真实的中国和中国的变化。梳理俄语频道的家庭伦理剧后可以发现，这些家庭伦理剧的共同特点是追求真善美，反对假恶丑，弘扬社会正气和小人物的大情怀，可以传递更多的正能量。

家庭伦理剧因为贴近生活且通俗易懂，所以能让观众更轻松地理解剧情，引发思考。因价值观念差异，剧中人物的内核可能是俄罗斯观众所熟悉的，但是却能通过塑造千姿百态的不同形象，让俄罗斯观众多角度地了解中国。以女性角色塑造为例，《男才女貌》《大女当嫁》《张小五的春天》《我的前半生》《都挺好》等都以女主人公的爱情、婚姻、事业为核心，反映了新时代女性冲破传统观念桎梏而追求经济独立、事业成功、爱情自由的心路历程，这类女性或精明干练或温婉知性或坚毅勇敢，如苏拉、姜大雁、张小五、罗子君、苏明玉。《都挺好》是 2019 年热播的电视剧，第一时间译制后通过俄语频道对外传播，该剧打破了传统家庭伦理剧中男强女弱的格局，剧中苏家的父亲、大哥和二哥要么容易冲动、情绪化严重，要么懦弱、惧怕担当，反观苏明玉、吴非、朱丽等几位女性，理智自信，能够在家庭困境中独当一面。苏明玉是剧中苏家的女儿，单身且拥有较高的职场地位和经济收入，她精明干练，不仅在职场游刃有余，社会地位高，在家庭当中也因为经济优势而具有较高的话语权。苏明玉的大嫂吴非体现了中国女性在家庭中角色的转变，她是一位留美华人，属于中产阶层，家庭给予了她更多的归属感，她与丈夫共同培育孩子，一起为家庭而奋斗，当丈夫出现失业危机时她承担起维持家庭经济收入的重任。朱丽是剧中苏家二儿子苏明成的妻子，这个人物折射了中国大多数家庭中女性的角色和地位，她是一个妻子、女儿，同时也是一位职场女性，她在结婚前是家中独女，过着无忧无虑的生活，婚后因为职业是注册会计师而收入丰厚，在家庭中享受着不做家务的权利，这一点虽不一定有典型性，但她受传统的“家”文化影响、以家庭为核心的思想能够代表大多数女性，她渴望家庭温暖，尽力挽回解散的家庭。可以说，这几个女性形象都是对传统女性形象的解构，在很多俄罗斯观众的认知中，中国女性是传统而隐忍的，影视剧中的女性总是以依附于男性的“他者”身份被建构，主体性薄弱。《都挺好》中苏明玉等人在家庭中的优越地位是中国家庭生活随经济和社会的发展而发生改变的一个缩影，女性在事业发展方面体现的坚持与强势，在家庭出现矛盾和困境时所展现的家庭责任意识及承担起的经济重担,从某种意义上来讲是对父权和夫权的颠覆,让这几个女性人物形象更具魅力。

(二)都市情感剧中的中国婚恋形象

都市情感剧以普通人的婚恋故事为切入点,展现人们在婚恋生活中的酸甜苦辣,集合了中国人对待爱情和婚姻的观念和态度,往往折射了典型的中国婚恋观,并对人们现实生活中的婚恋价值观产生影响,也影响着国外受众对中国婚恋形象的建构。都市情感剧是情感与都市人文的融合,最能展现城市人物的生活图景和情感世界,以鲜活的人物形象为依托,往往塑造和演绎多个维度的情感关系,随着时代的变化,婚恋价值观日渐多元化,能够满足观众多维度的情感需求,在跨文化传播中极易引发情感共鸣。

无论是中国对俄罗斯进行文化传播的俄语频道还是俄罗斯播放中国电视剧的 vsedoramy. net 网站,所拥有的影视资源中都市情感剧都占了较大比重,《媳妇的美好时代》《蜗居》《新上门女婿》《裸婚时代》《离婚前规则》《北京爱情故事》《新恋爱时代》《我的前半生》等电视剧以现实生活为基础进行艺术加工,描绘了不同群体和个人面对婚姻和情感问题时的困惑与探索,不乏裸婚、闪婚、婚外情所暴露的婚恋中的矛盾冲突和对婚恋价值取向的思考。2020 年热播的电视剧《三十而已》讲述了顾佳等几位都市女性在面临婚姻、职场和育儿等各种危机时的人生境遇与抉择,剧中人物为观众展现了爱情的美好,也展现了婚姻的破裂,启发人们思考如何经营婚姻、抚平创伤、开启新的生活。剧中顾佳和许幻山是人们眼中的幸福眷侣,家庭和睦、夫妻恩爱、事业有成,但是随着许幻山对婚姻的背叛,这些幸福轰然倒塌,顾佳在经历了伤痛后，重新出发，开启了情感救赎和亲情复苏之旅。剧中情节都是社会中存在的真实情况的折射，让都市情感剧发挥了对积极正面婚恋观念进行引导和对不良婚恋行为给予警示的功能。

中国传统婚恋观对都市情感剧具有指引作用，“昏（婚）礼者，将合二姓之好，上以事宗庙，而下以继后世也”。（《礼记·重义》）中国人重视婚姻，认为婚姻有慰藉祖先和传承血脉的神圣使命，虽然每个人的择偶标准不同，但对责任感和人品的看重是比较一致的。都市情感剧中不乏积极正面的人物形象，他们对待工作积极认真，对爱人和家庭的责任感强，比如《裸婚时代》里的刘易阳宠老婆，《新恋爱时代》里的郑海潮对妻子的无微不至的关怀，《辣妈正传》中夏冰为家庭的付出与自我觉醒，《我的前半生》中罗子君从家庭主妇到职场精英的蜕变。中国式婚姻不仅是两个人的结合，更是两个家庭的结合，因此中国都市情感剧中的各种人物关系往往比较错综复杂，使得恋爱和婚姻较少以单纯情感形象出现，往往含有各种羁绊。老一辈人是年轻人的婚恋生活中的关键影响者，他们的择媳择婿标准反映了中国老一辈人的观念，当然会不可避免地遭遇一些代际冲突。电视剧《当婆婆遇上妈》中感情深厚的陈大可和罗佳因为双方家庭的不认可而遭遇了巨大压力，原本单纯的爱情天地化为两个家庭的争锋战场，在两人排除万难结婚之后却还是因为各种矛盾而分道扬镳，这部剧给很多现代家庭的老人和青年以启示。《中国式离婚》反映了人到中年所面临的家庭困惑，剧中的中年女性在婚姻中的角色具有典型的现实意义。《裸婚时代》以当前社会所出现的“裸婚”现象为表现内容，呈现了童佳倩与刘易阳为爱争取的积极态度，也讲述了童佳倩表姐为金钱利益而走非常规路线，在自食恶果后终于改变婚姻观念的故事，通过展示“裸婚”所遭遇的生活困难与各种挫折,引领观众思考爱情与婚姻这对命题所涵盖的经济及社会问题,经济社会的物欲横流影响着婚恋文化,支配着个体行为。《新恋爱时代》中郑海潮面临经济危机时邓小可妈妈的干预,《而立之年》中曹可陈生意失败后与妻子的离婚,虽然充满讽刺意味,但却是部分残酷现实生活的折射。布莱希特说,戏剧的全面变化不是艺术家心血来潮的产物,这种变化必须符合我们时代精神生活的全面变化。(克劳斯·弗尔克尔,1986)生活是艺术的源泉,无论是青年夫妻面临的经济压力,还是中年夫妻遭遇的婚外诱惑,中国都市情感剧的主题都来源于中国社会现实生活,多维度多侧面地反映了中国人的婚恋生活和观念,在时代变迁中,各种诱惑与道德责任的博弈折射了不同时代中国人的婚恋观念及其变化。

《大女当嫁》反映了进入 21 世纪后越发常见的“大龄剩女”现象,受到传统的“女大当嫁”的落后观念的影响,女性若 34 岁仍孑然一身,便会遭遇各种质疑甚至是嘲笑。剧情开篇,姜大雁因大龄未嫁而在妹妹婚礼上起了风波,还因相亲对象进入警察局而接受调查,奶奶被送进医院,颇为戏剧性的开头很好地体现了社会上“大龄剩女”所面临的困境。34 岁的“大龄剩女”姜大雁在家人的催逼下,在 60 多个婚介所登记了相亲信息,遇到了各色各样的人,也见识了不同的婚恋观。孙晓波与姜大雁年龄相当、性格匹配、职业相称,但其相亲结婚仅仅为了一张结婚证书,让自己在单位外派出国时可以去条件更好的北欧国家;彭坦属于黄金单身汉,穷苦出身,靠自己白手起家而事业有成,但自身条件的优越也让他经常忽略伴侣的内心感受,令姜大雁无法忍受;姜大雁对电台主持苏如是一见倾心,虽然年龄相差较大,但姜大雁不顾世俗看法与苏如是交往,苏如是却在单亲女儿的反对下结束了这段感情,选择牺牲自我成全女儿。故事的最后,“大龄剩女”遇到了自己内心需要的归属，程闯在感情世界里所表现的宽容和体贴征服了姜大雁，也给予了她追求自己的那份幸福的勇气。

中国婚恋习俗也是都市情感剧中不可或缺的重头戏，都市情感剧中的婚礼与中国传统婚礼有了较大差异，“父母之命，媒妁之言”转变为自由恋爱与自由婚姻，“三跪九拜”大多简化为“三鞠躬”，结婚场景延续了亲友相聚共同见证新人幸福的习俗，与此同时，宣读结婚誓词、互戴结婚戒指等西式婚礼元素融入其中，都市情感剧中的中国婚庆仪式有了些许西方意味。但传统的中国红仍经久不衰，在中国婚礼上不可缺少，剧中的新娘着白色婚纱完成典礼仪式之后，往往身着具有中国特色的红色婚服向嘉宾敬酒，尤其要佩戴标识身份的红花和龙凤呈祥的绣纹图案，寓意幸福和吉祥。一些含有特殊寓意的中国婚庆元素让国外观众觉得新奇，比如新娘吃红枣，喜床铺红枣、花生、桂圆、莲子，寓意红运当头、早生贵子。

在中俄演员共同出演的电视剧中，婚恋关系往往受到国家环境的影响。《红莓花儿开》中的沈岩在苏联留学时与苏联姑娘瓦丽娅相爱，沈岩为了中国的航空事业没有选择留在苏联与瓦丽娅相守，而是回到祖国完成个人使命，这体现了中国传统婚恋观中的“先有国，才有家”的影响。而在《我的娜塔莎》中庞天德和娜塔莎为了中苏两国的共同利益协作完成革命任务，当国家利益出现分歧时，两人又坚定地站在各自国家的立场，庞天德为了中国国宝回归祖国违抗了苏军上级命令，也与恋人娜塔莎发生了冲突。但在情感层面，电视剧仍体现了中国忠贞不贰的婚恋观，娜塔莎在剧中对中国爱人不离不弃，坚持等待，而中国丈夫也钟情不改，二人在迟暮之年终成眷属，并举办了具有中国特色的婚礼。《俄罗斯姑娘在小城》是2009年中央电视台和吉林电视台联合制作的一部电视连续剧，由刚毅担任导演，中俄演员共同主演，讲述了20世纪末小城村青年到俄罗斯经商，娶俄罗斯姑娘为妻并带回中国发展的一系列故事。剧中的中国小伙儿米家旗和俄罗斯姑娘卡佳是一对恋人，卡佳来到中国后由于文化冲突而引发了很多矛盾，第一顿早餐就出现了豆浆油条与牛奶面包的分歧，饮食习惯的差异让公婆对卡佳心生嫌隙，而卡佳的拥抱礼在小城村成为笑谈也让家旗父母非常气愤，文化差异不仅让家旗父母不接受卡佳，也直接影响了父子关系，甚至出现退婚风波。爱慕陆海涛的俄罗斯姑娘冬妮娅到红叶岭投资，帮助陆海涛建立旅游公司，经历一系列波折后最终带领全村致富，当她住院生命危急时，小城村的村民排队献血，展现了友爱和知恩图报的精神，剧中冬妮娅称自己身体里流着中国人的血，与中国人不分彼此。卡佳和冬妮娅这两位俄罗斯姑娘见证了中国农村的改革与变迁，经历了饮食、穿着、社交等种种文化矛盾与冲突，最终融入中国社会，成为小城村的一员。

当代生活题材影视剧涉及当代中国民众生活的方方面面，职场生活、生存环境、城乡差异等都是对中国生活图景的展示。获得第39届莫斯科国际电影节最高奖——圣乔治金奖最佳影片的中国故事片《塬上》，取得了中国电影在莫斯科国际电影节上的最好成绩。《塬上》在莫斯科举行全球首映礼时，1 500人的位置座无虚席，影片受到莫斯科国际电影节执行主席基里尔及专家们的好评，从2 000多部各国报送的影片中脱颖而出，成为唯一人围本届主竞赛单元的华语电影，并荣获最佳影片奖。在中俄发展新时代全面战略协作伙伴关系的背景下，影片获奖本身充分说明中俄两国电影人和广大观众对这部电影的文化价值的高度认同和审美共鸣。《塬上》充满了乡土情怀，观众跟随镜头看陕北黄土高坡风景，看黄河之水蜿蜒而行。一个农民在芦苇荡里发现了一只受伤的朱鹮——这是一种国宝级的鸟，也是电影关于自然、环保、人性、生存等问题展开思考的引子。这部影片不仅展现了人与自然的关系，更关注人在生存层面的矛盾以及农村与城市之间的矛盾。黑白影像让主人公康文的家乡更加灰白，沙尘飞扬、污水横行，他是一名记者，但他报道的水泥厂污染及后续问题一直没有得到解决，朱鹮的出现可能会解决污染问题，但会让村民的生活更加艰难。从村子里飞出的“金凤凰”从骨子里是自卑的，是看不上自己的家乡和老乡的，不可调和的矛盾无处不在，康文自己也不断地在矛盾中纠结着，原老师在梦中撕下康文的奖状，这是康文的梦境，也是他的担忧，在村民的质疑中他也开始怀疑自己，每次陷入迷茫都会有原老师在梦中指点。水泥厂厂长与康文的对峙，康文对初恋的愧疚，这些二元对立的情绪在影片中借助乡土情结进行化解，理想和现实之间、感性和理性之间没有绝对的对立，恰如影片结尾残疾儿子拍摄的彩色朱鹮，定格的一瞬间也昭示着希望——不断地进行反思与调适才能实现社会和谐，才能处理好人与自然、人与人的关系。

三、功夫武侠题材影视作品解析

功夫题材电影一直是俄罗斯观众最喜欢的中国电影类型，也是中国电影走向世界的一张名片。从李小龙、成龙、李连杰、甄子丹、吴京等人在俄罗斯的知名度可以窥见俄罗斯观众对中国功夫题材电影的认可情况，在俄罗斯的电影网站上可以检索到每一部成龙主演的影片如《新警察故事》《功夫之王》《功夫瑜伽》等，这些影片都有较高的点击量。《卧虎藏龙》《英雄》《十面埋伏》等大量影片译制出俄文版在俄罗斯网站播放。在俄罗斯举办的中国电影节上，功夫武侠类影片占有一席之地，《叶问》《绣春刀》《卧虎藏龙之青冥宝剑》《功夫瑜伽》等功夫武侠片在俄罗斯展映时收获好评。

（一）魔幻题材影视作品与中国经典名著改编

很多功夫武侠电影取材于中国神话传说。《西游·降魔篇》的故事原型来自《聊斋志异》，电影将鬼怪故事和救赎主题进行融合，通过武侠奇观来演绎爱与降魔的主题。《西游记之大闹天宫》取材自中国古典文学名著《西游记》，在原著故事的基础上加入了更多的现代元素，通过数字科技手段打造了好莱坞式的视觉盛宴。在挖掘传统和与世界接轨的探索之路上，迎合观众喜好和提高跨文化传播效果往往会造成影片中传统文化元素的减少，一些不符合影片时代情境的现代语言的使用弱化了影片的文化内涵。当然，合理运用现代化手段可以推动中国神话传说的传播，比如《西游记之大闹天宫》通过3D技术让孙悟空冲出炼丹炉时的火眼金睛更加具有视觉冲击力，女娲娘娘炼晶石补天的画面也更加唯美。

《西游记》这部中国古典文学名著是50多部影视作品的内容源头，第一部由其改编的剧情片《孙行者大战金钱豹》可以追溯到1926年，后来陆续有改编的神怪武侠片如《铁扇公主》，彩色动画长篇如1961年的《大闹天宫》。1986年，由六小龄童主演的电视连续剧《西游记》掀起“西游记”热潮。1995年，周星驰主演的《大话西游》开始对传统《西游记》进行解构。进入21世纪后，更多的“西游记”主题作品在中国电影产业中占据一席之地。《西游记之大闹天宫》《西游·降魔篇》《西游记之大圣归来》《西游记之三打白骨精》《西游记：女儿国》等诸多作品的高票房印证了《西游记》这一文学名著的魅力。《西游记》是中国古代长篇章回体小说，全书共 87 万字 100 回，充满奇思异想，采用浪漫主义手法构建了一个庞大的神魔奇幻世界，是中国文学瑰宝，书中每个神话故事彼此关联又相对独立，每一回都可独立成为影视创作的文本资源。这部小说有很多的衍生作品，覆盖老中青幼不同年龄层，社会知晓度和认可度极高，因此由其改编的影视作品具有扎实的受众基础，《西游记》中降妖伏魔涉及 96 个妖魔鬼怪，师徒之间的关系演变等内容也具有很大的挖掘空间。

由《西游记》改编的很多作品在俄罗斯网站上都可播放，虽然评分不高，但也吸引了不少"西游记"迷，这些作品在一定程度上帮助传播中国传统神话故事，塑造中国文化形象。在 kino. mail. ru、vsedoramy. net、kinopoisk. ru 等网站上能看到 20 世纪 60 年代拍摄的《女儿国》《盘丝洞》《铁扇公主》《西游记》以及近些年拍摄的《大话西游》《西游记之大闹天宫》《西游记之大圣归来》《西游记之孙悟空三打白骨精》《西游记：女儿国》《齐天大圣·火焰山》等影片。

从俄罗斯观众视角来看《西游记之大闹天宫》，周润发、甄子丹是吸引他们观看电影的主要因素，因为没有看过《西游记》原著，所以他们对影片充满了好奇。一位观众概括影片的情节是讲述发生在恶魔、人和天堂之间的故事，恶魔试图占领天界而被人类驱逐出境，女娲补天牺牲了自己拯救了天空，补天留下的一块晶石掉落人间孕育了孙悟空。牛魔王带领魔族对抗玉帝统领的天界，并利用杀死九尾狐再嫁祸给玉帝的方式让孙悟空替他打败玉帝，孙悟空在魔界和天界之间的站位是影片情节反转的关键。俄罗斯网友吐槽影片特效不够精致，动作不流畅，尤其是演员的表演和台词设计给人陈旧僵硬的感觉，因为对“西游记”文化的不了解，所以影片中有各种脸部动作的孙悟空在俄罗斯观众看来是做鬼脸的主角。影片的片尾曲《爱在天地动摇时》被很多中国观众喜欢，但是俄罗斯观众却认为这个片尾曲对影片来说没有什么意义。相比较而言，对《西游记》原著有一定了解的观众却有不同的评价，一位俄罗斯观众的观影感受为“在好莱坞环境中的‘齐天大圣’的故事”①，他对《西游记》中的传说比较熟悉：传说中孙悟空是一只由花果山上的一块破碎的晶石生下来的石猴，在花果山称王，敏捷好动喜欢各种花式冒险，影片《西游记之大闹天宫》就是冒险的开端。他认为俄罗斯观众可能不喜欢影片中的配色，但那就是中国的风格，受到中国版画色彩的影响，而配乐运用的弦乐等也是具有中国特色的音乐。表演方面，银幕上演员演绎的猴子形象有夸张的手势和多变的面部表情，各种“鬼脸”有助于人们对孙悟空的理解，而玉皇大帝的形象是明智而宽容的统治者，原谅了恶魔的错误，符合中国传统文化主张的仁爱理念。整体而言，这部影片具有好莱坞大片风格，同时也类似于中国戏曲作品，它杂糅了大量动作场面和纯中国特色元素，这对一个对中国文化不感兴趣的人来说不容易理解，但影片值得观看。

《西游记之大闹天宫》将中国传统文化嫁接到好莱坞模式，在影片中可以看到《指环王》《金刚》的影响，孙悟空与牛魔王打斗及神界与魔界展开斗法的场面都具有好莱坞魔幻色彩，《西游记》原著中孙悟空豪横叛逆，具有反抗权威、追求自由的精神，而《西游记之大闹天宫》只是取了原著的人物外壳，影片中孙悟空甘于命运安排，牛魔王谋反要替代玉帝，玉帝妹妹不顾亲情不分善恶

① https://www.kinopoisk.ru/。

痴守牛魔王，整部影片对中国传统文化的解构是“他者”框架下的产物，不利于中国电影在国际传播中的特色凝练。从俄罗斯观众的评价来看，他们更偏爱在影片中看到更多中国文化元素，学者 О. В. Шубаро 在«Китайская цивилизация в диалоге культур»中评价中国电影“展示神话和传说，表现着中国文化的特殊身份，也让观众欣赏着大自然的美丽”，女娲娘娘补天、孙悟空出炼丹炉等情节借助 3D 电影技术而具有形象直观性。虽然好莱坞技术和魔幻表达方式赋予影片更多国际元素，与好莱坞合作让中国电影取得了一定的成绩，О. В. Шубаро 仍然认为保持中国电影特性也十分重要，影片的故事内核应坚守中国特色，否则中国电影业会完全被好莱坞“侵占”。

短篇小说集《聊斋志异》也是影视剧改编的热门，狐妖鬼魅与人类的百般纠缠可以让影视作品充满神话色彩，书中《画壁》《聂小倩》《阿宝》《辛十四娘》等篇已被改编为影视作品。

(二)动作武打元素与中国文化传播优势

自 20 世纪 70 年代香港嘉禾电影公司推出系列功夫电影，李小龙主演的《唐山大兄》《精武门》《猛龙过江》《龙争虎斗》等以武打动作为主的功夫片在海外走红，树立了中国功夫硬汉形象。李小龙是中国第一位享誉世界的功夫巨星，邹文怀等电影人在为李小龙打造功夫影片时植入了大量中国文化和功夫元素，突出了当时外国对中国的欺侮与自己凭借功夫为国争光的爱国情怀，比如:《精武门》中得知日本人毒害师父后打败敌人并踢碎了影片中“东亚病夫”的牌匾的陈真、《猛龙过江》中在异国他乡帮助同胞对抗黑社会威胁的唐龙、《龙争虎斗》中潜入孤岛帮助警方卧底调查岛主非法行为的少林弟子李、《唐山大兄》中不堪屈辱揭露制冰厂非法勾当的华人青年郑潮安等等,他的银幕形象大都是匡扶正义、惩奸除恶的正面人物,从某种程度昭示了李小龙的民族英雄情结。以咏春风格的拳脚功夫和近身肉搏打斗为主,李小龙所代表的功夫片改变了西方对中国人软弱可欺形象的认知,面对外辱通过功夫自救,面对欺凌通过功夫对抗强权,不仅树立了李小龙的功夫巨星形象,也让观众感受到了影片中的民族精神。李小龙式的功夫片因为缺少女性角色和细腻情感,塑造的人物更像战斗机器,而成龙将中国功夫和喜剧有效结合起来,将功夫喜剧这一电影类型发扬光大,他的电影更容易被国外观众理解和接受,他于2016年获得了奥斯卡终身成就奖,备受世界瞩目,成为中国功夫片跨域传播的全球代言人,在俄罗斯也具有较高知名度。

中国功夫片及武侠动作片在俄罗斯具有较大的知名度和影响力,《卧虎藏龙》《英雄》《十面埋伏》《新警察故事》《功夫》《影》《叶问》系列等影片都备受关注。1991—2020年kino. mail. ru网站上播放的中国影片中,动作类占49%,评分在前十名的影片包括《叶问3》《英雄》《叶问》;非中外合拍的影片中《英雄》有565人参与评分,评分最高为7.9分,其次还有《十面埋伏》《功夫》《新警察故事》等不同风格的功夫片排名靠前。《叶问》和《霍元甲》以绝对优势得到观众青睐,《叶问》同时与《金陵十三钗》入选网站评选的全球五百部优秀电影名单。研究中国电影在俄罗斯网站上的评分及互动情况后可以发现,功夫片虽然较受欢迎,但评分和互动情况一般,影响力仍有待提升。当然,以《叶问》系列为代表的中国功夫片能位居前列,足以显示中国功夫片的感召力。

《叶问》系列电影由叶伟信导演、甄子丹主演,塑造了一个忠肝义胆为民族尊严而战的英雄形象叶问,他来自江湖但坚守不卑不亢的民族大义,在面对外族侵略者时勇敢保卫同胞和家园。叶问谦逊内敛，讲究武道和武德，将中国传统观念中的家国情怀与功夫大义融合在一起。影片找到了文化共通点，更利于中国功夫英雄形象的国际传播。《叶问》(2008)讲述了20世纪叶问在擂台比武中振兴中华武术和弘扬中华民族武术精神的故事，在kinopoisk.ru网站上评分为8.3。《叶问2》(2010)在kinopoisk.ru网站上评分为7.6，讲述了叶问因捍卫中国人尊严而被日本人追杀，带妻儿逃往香港，开天台武馆教授咏春拳的故事，他与洪门所代表的香港武术界产生摩擦，后因洪师傅敬佩叶问的武术精神，二人冰释前嫌，共同参加“西洋拳拳王争霸战”，西洋拳拳王“龙卷风”侮辱中国武术、打伤叶问徒弟，洪师傅接受“龙卷风”挑战，宁死不投降，最后被重伤身亡，叶问为捍卫中华武术尊严，在华洋拳赛的擂台上打败了挑衅者。《叶问3》(2016)为前两部电影的续集，在kinopoisk.ru网站上评分为7.0，讲述了叶问夺回“咏春正宗”的头衔并成长为一代宗师的历程。《叶问4》(2019)在kinopoisk.ru网站上评分为7.1，将故事延伸到了海外。前三部影片中叶问分别打败日寇、征服英国拳王、战胜拳王泰森，作为该系列的终结篇，第四部中的叶问在美国唐人街为华人武馆的权益而战，对抗民族歧视与压迫，向美国海军陆战队证明了中国功夫所蕴含的自强不息精神。

以kinopoisk.ru网站上观众对《叶问》的评价①来看中国功夫形象，有84 213位观众为这部影片打分，影片得分为8.3，在83条影片评论中，肯定性评价占85.54%，负面评价占7.23%，中立评价占7.23%。《叶问》吸引俄罗斯观众的直接原因是真实的打斗画面，一位网友认为在看不见的电缆上飞行和在树枝上跳跃不能

① https://www.kinopoisk.ru/film/409507/。

吸引其观看中国电影,“卧虎藏龙”的生活并不是真实存在的,而《叶问》却展现了真实而富有智慧的功夫,甄子丹成功表现了一个镇静而聪慧的英雄形象,一个以武术为生的人,他的世界观和行为都受武术影响,这种精神世界也让人着迷。很多网友对中国功夫片的转变持肯定态度,与李小龙的贴身肉搏和成龙的喜剧功夫不同,《叶问》系列电影让观众看到了更为真实和细腻的武者人生,电影中叶问因为痴迷武术和擂台对战却较少陪伴家人而产生家庭矛盾,这让主人公的形象更为立体和真实。很多观众敬佩叶问是一位真正的英雄,在最艰难的生活环境中仍然忠于自己的规则与传统。影片展现了叶问等人为武术的传承与发展所做的贡献,也影响了电影文化的发展方向,诠释了荣誉、奉献与尊重。《叶问》系列影片的俄罗斯观众中很多是喜欢东方武术的,有观众直言,“叶问”是其成长的一部分,因为中国功夫和叶问的精神品质而爱上了这一系列的电影。影片中的打斗场面充满了战斗的乐趣,男主角以精准的动作战胜了敌人,获得俄罗斯观众的较高评价。有网友说,虽然影片的主题是关于爱国的,但是如果去掉影片中功夫的镜头或者减少打斗场面,作为非中国公民或者对中日战争不感兴趣的观众则很难对影片感兴趣,功夫和战斗是让影片出奇的关键,在影片中武术是一种艺术。

自电影《黄飞鸿》问世以来,俄罗斯观众就渴望了解有关李小龙、成龙、甄子丹等功夫巨星的作品和生活,因此一部分观众将《叶问》系列影片视作传记,在感叹行云流水的功夫招式和叶问对武术的痴迷的同时,也觉得中国关于武术主题的电影过于天真和理想化(детско-сказочно наивные),称之为“一个关于真实人物的虚构故事”。有观众质疑影片过多地渲染东方文化的强大而对西方功夫流派进行嘲弄,置喜爱中国功夫的西方观众于尴尬境地；而叶问徒手击败多个侵略者也略显夸张，与叶问的真实经历不符，违背了传记的真实性要求。

成龙将中国传统功夫与戏曲包袱等元素有效地融合到一起，将功夫喜剧发扬光大，幽默元素的加入让来自其他文化背景的观众易于理解影片内容，从而产生亲近感。成龙在影片中所展示的功夫武者形象除了勇敢无畏还更加有智慧，能在武打对峙中灵巧机智地做出应对，同时也对中国功夫做了科技包装，以满足西方观众对中国功夫的内在渴望与想象。比如在场景选择上不再局限于擂台之上，而将摩天大楼、出租车、火车、高架桥等作为打斗环境，使打斗更加惊险刺激，这些好莱坞大片中的常见元素更能让西方观众接受。在《（神奇）燕尾服》中，成龙饰演的男主角唐是普通的出租车司机，但是穿上燕尾服后就变身为斗士，可以做各种高难度动作，甚至可以飞檐走壁，传统功夫在成龙的影片中更具奇幻色彩。与李小龙的快准狠式中国功夫相比，成龙在影片中呈现的是幽默有趣、手忙脚乱的功夫，成龙曾说："他踢高腿我就踢低腿；他从来不笑，我就笑个不停；他可以一拳打穿墙，我就在打穿墙以后发现自己受了伤。我做鬼脸。"（袁书，2005）成龙的很多影片在俄罗斯上映，中俄合拍的《中国游记：龙牌之谜》（2019）也由成龙担当影片重要角色。（袁书，2005）总之，成龙让中国功夫与俄罗斯观众的距离更近了一步。在 kinopoisk. ru 上的评论文章«От ган-каты до саберфайтинга: Боевые искусства, придуманные для кино»梳理了李小龙和成龙对中国功夫片的影响，指出成龙开创喜剧功夫并将醉拳风格打造为一种流行文化引入影片中，并在 20 世纪 80 年代以危险的特技、杂技和在战斗中对环境的复杂利用为基础形成了自己的风格，童年时期的戏曲培训和体操教育也对他的风格有一定影响，他的电影常配有音乐节奏使打斗场面富有音乐感，继而感染观众。

（三）俄罗斯观众眼中的中国仙侠剧

在中国影视作品“走出去”战略的影响下，更多的中国优秀影视作品在俄罗斯引发观看热潮，《仙剑奇侠传》《花千骨》《香蜜沉沉烬如霜》《宸汐缘》等一大批仙侠古装剧成为现象级传播的典型。

仙侠题材电视剧始于 2005 年由同名游戏改编的电视剧《仙剑奇侠传》，胡歌和刘亦菲开启了收视热潮，法力无边的“仙侠”更加恣意和潇洒，在神界、仙界、人族、妖界、魔界、鬼府各显神通。仙侠剧普遍制作精良，叙事模式比较成熟，剧中景色往往如诗如画，在电视剧中独树一帜。因为大多有仙侠小说或游戏为故事原型，所以故事情节一般跌宕起伏，剧中人物往往充满传奇色彩，不仅吸引了很多原著粉丝和游戏玩家，还培育了大批网络收视群体，比如电视剧《花千骨》改编自网络同名小说，原著在晋江文学城就享有超高点击量，小说出版后也一度脱销，由其改编的电视剧由霍建华和赵丽颖主演，不仅在中国国内掀起收视狂潮，也让中国玄幻仙侠剧声名远播。仙侠剧在海外传播至今已收获了大量关注，有些剧还没有播出便已经攒足了粉丝的高度期待。仙侠剧一般融合了神话、武侠和言情三大吸睛元素，虚构的故事背景为电视剧创作提供了无限空间。仙侠剧与神话有着不可分解的关联，主人公往往历经磨难，在重重考验之后，借助玄幻武侠等技法成为英雄。如《仙剑奇侠传》中的李逍遥在神秘力量的指引下来到仙灵岛开启冒险之旅，与拜月教及其他反派斗智斗勇，并与赵灵儿、林月如演绎了复杂的情感纠葛，最终成长为英雄。中国志怪古籍《山海经》中有很多神话形象和人们对异族的描述，它们多有奇幻造型，建立在人们对未知世界的想象基础上；还有少数民族神话中的武术等超自然力量也为仙侠剧提供了创作灵感。万物有灵，在仙侠剧中山有山魂、树有树灵，善念与邪念都会影响心脉，久而有灵，很多神秘力量和魔法手段都来自幻化创造，为剧情服务。

中国传统价值观“邪不胜正”“善恶有报”“匡扶正义”等是仙侠剧的精神内核，“其言必信，其行必果，已诺必诚，不爱其躯，赴士之厄困”，这是《史记·游侠列传序》对义士的描述，仙侠剧将这种侠义精神与仙道融合，借助上古神话传说将六界苍生都纳入故事框架里。每部仙侠剧中都有正义与邪恶的斗争，如《仙剑奇侠传》中李逍遥、赵灵儿等正义人士与以拜月教为代表的邪恶势力的斗争。佛教主张“生苦，老苦，病苦，死苦，爱别离苦，怨憎会苦，求不得苦，五音炽盛苦”，很多邪恶妖魔便是因为各种苦而生魔，在电视剧《宸汐缘》中景修说“欲念是魔，迷惑是魔，贪妄是魔，杀生是魔，偷盗是魔，妄语是魔，邪念是魔，贪婪、奸诈、怨恨、偏执、傲慢、无淫、忧卜、业障皆是魔，魔，无处不在、无所不包，连你们的虚荣、伪善也是魔，从魔，不，魔就在你们的心里，每一个人都是魔”，契合了佛家因果循环和“苦海无边，回头是岸”的思想。该剧将东方审美文化和价值观作为核心，男主角九宸与女主角灵汐历经磨难仍坚守本心，为护佑天下苍生尽显家国情怀，愿意牺牲自己以保全世间生灵。电视剧《花千骨》中女主角花千骨历经艰难心路，为爱舍己忘我、牺牲奉献。花千骨与白子画的情感是含蓄内敛的，囿于身份和世俗成见，二人的情愫只能通过环境及身体语言进行抒发，一方默默守护，一方执着本心，虽然带有一定的悲情色彩，但充满诗意的爱恋更加吸引观众关他们的命运感叹。

中国仙侠剧具有的共同特点是演员阵容强大，当红明星的国际知名度带动了电视剧的海外传播，使仙侠剧吸纳了大量收视群体。除了神话和武侠，言情是推动情节发展且观众最为期待的部分，仙侠剧中神仙眷侣的情感戏满足了观众对神话中美好爱情的向往，情感的波折起伏和突破重围让男女主人公的命运更加跌宕，观众的心情也随着剧情的发展而起伏不定。爱情是跨文化传播中恒久不变的母题，可以跨越文化鸿沟和价值观差异，激发异域观众的共鸣，仙侠剧中的爱情以大团圆结局为主，这不仅因为中国电视剧喜欢皆大欢喜的大团圆结局，也因为仙侠剧凭借玄幻特点可以进行无尽创造，甚至可以实现死而复生、命运轮回，男女主即使历尽坎坷也可以绝处逢生，让爱情结局圆满。仙侠剧中的人物是观众所向往的拥有法力的上神和仙风道骨的侠士，他们可以飞檐走壁，做凡人不能做之事。仙侠剧体现了修道、玄幻、悟修等佛道文化，也融合了诗词典故和神话传说等传统文化。仙侠剧中还有一种情感模式是神魔之恋，在正邪转变及神魔对立的语境中，这种情感更富有戏剧张力，从而形成诗意的悲剧效果，妖神花千骨、魔尊旭凤都因与爱人神魔对立而演绎了情感悲剧。神界和仙界守护苍生的正义化身也可能由仙转魔，而魔界、妖界、鬼界的邪恶形象也不是永恒不变的。仙侠剧中会演绎出灰色地带，魔中有正，正中有邪，在正义和情感融合的前提下为有情人终成眷属提供了合理诉求。

仙侠剧中的场景大多美如仙境，充满神秘色彩，造型精致，契合人物形象。仙侠剧整体以浪漫唯美画风为主，男子大都俊美非凡，女子容貌出众，不仅形象青春靓丽、吸引观众，服饰造型也仙气十足、飘逸灵动。《花千骨》中长留弟子皆是白衣长袍，《香蜜沉沉烬如霜》中花界、天界、魔界和人间的人物造型都有明显不同，花界仙子们的服饰都是飘逸灵动、色彩丰富的，人间的服饰则以端庄持重的风格为主。仙侠剧中的妖魔形象塑造所采用的服饰造型更具奇特性,往往通过奇装异服来突出乖戾、残暴或奸猾等特点。魔女与仙女的直接区别也在于服饰和妆容,花千骨成魔后的暗红色长袍与成魔前的白色长裙形成对比,妆色也非常浓重,尤其是嘴唇颜色特别夸张浓烈,眼部妆容也格外奇特,以区别于仙界与人族。仙侠剧在俄罗斯网站上的点击量较高,网友评价仙侠剧中优美的环境和美丽的服饰都是吸引人观看的主要元素,可以通过这些仙侠剧了解中国文化。一位俄罗斯观众留言说:观看中国仙侠剧让人陷入一种忘我的感觉,慵懒地在沙发上放松看剧,(仙侠剧)纯净美丽,与欧洲或美国电影给人的感觉非常不同,这无疑是新鲜而充满趣味的。还有观众评价仙侠剧为其打开了了解中国文化的大门。当然这种美丽童话也遭遇了诸多不理解,虽然一切都是那么美丽,但是俄罗斯观众会对重生或者施展法力这种情节感到困惑。①

第三节　纪录片中的"中国形象"解析

中国形象的建构和表达可以采用多种方式,影像叙事将具有中国特色、涵盖中国元素、体现中国标志的人/事/物进行艺术加工,在艺术审美和媒介传播层面实现对中国形象的塑造和传播。通过纪录片来展现中国的国家形象无疑是最直接的一种影像表达方式,从自然地理到人文历史,从社会生活到经济发展,可以是《乡愁》式的故事化表达,也可以是《辉煌中国》式的宏大叙事。

---

① https://vsedoramy.net/page,1,4,1849 - tri - zhizni - tri - mira - desyat - mil - persikovyh - cvetkov - 2017.htmlJHJcomment。

在纪录片中的国家形象更容易被国内外观众清晰地认知，如何运用纪录片向世界呈现更加全面、立体、真实而生动的中国形象，这个问题一直处在探索之中。在俄罗斯传播的与中国有关的纪录片主要来自以下几个渠道：俄罗斯制作的中国主题纪录片，如《中国的重生：苏联摄影师眼中的中国》(2019)，《发现中国》(2016)；中俄合拍纪录片，如《这里是中国》(2017)，《爱的海洋——汶川地震灾区学生赴“海洋”全俄儿童中心疗养十周年纪念》(2018)；俄罗斯网站播放的纪录片，《鸟瞰古代中国》(«Древний Китай с высоты птичьего полета»)、《美丽中国》(«Дикий Китай»)、《航天英雄：中国第一位宇航员》(«Космический герой: Первый космонавт Китая»)；中国国际电视台俄语频道译配的大量中国纪录片。作为影像表达中的非虚构媒介形式，纪录片是俄罗斯民众了解中国的重要渠道，通过解析在俄罗斯传播的与中国有关的纪录片可以发现这些纪录片里中国形象表达的侧重点和规律。

一、俄罗斯纪录片中的中国形象

基于俄罗斯观众的视角拍摄的中国主题纪录片，更能鲜明展现俄罗斯人眼中的中国和中国人形象，体现两种文化的互相审视，以及从自身文化主体身份出发对他者文化的解读，有利于打破“自我”与“他者”的对立，促进两种文化的理解和交融。俄罗斯纪录片《发现中国》(«Открытие Китая»)①是俄罗斯电视台第一频道摄制并播出的系列纪录片，2016 年 2 月开始，在中国生活多年的非专业主持人叶甫盖尼·科列索夫带领俄罗斯观众体验

① https://www.1tv.ru/shows/otkrytie-kitaya。

中国各领域的发展情况和丰富多彩的社会生活。他在主持《发现中国》前就是一个"中国通",经常在 YouTube 上发布在中国的所见所闻的短视频,第一频道制作人找到他,以这种第一视角纪录的方式开设了《发现中国》电视纪录片节目,叶甫盖尼·科列索夫从此以"叶叔"的形象走进中国。该纪录片创新立意和形式,每集25 分钟一个专题,截止到 2019 年 12 月,已在第一频道网站展播了 30 多个主题纪录片(见附录三),点击量近千万。① 该系列纪录片试图向俄罗斯观众介绍真正的中国发展风貌和风土人情,成为很多俄罗斯观众重新认识中国的窗口,在中国的一些视频网站的播出也让中国观众看到了俄罗斯人视角下的中国形象。对《发现中国》进行内容分析后可以发现,该纪录片中的中国形象得到了多维度展示,涉及中国的政治制度、经济发展、社会生活、传统文化、婚嫁习俗等,并且每一集都采用故事性表现手法,以亲身体验结合讲解进行叙事,生动地呈现了中国的多元形象。

(一)汉字的魅力与民俗形象

中国文化流派众多,种类多样,什么是俄罗斯人眼中最具有中国特色的中国文化呢?《发现中国》节目组在第一集《叶甫盖尼·科列索夫的孩子》中将焦点放在了中国语言和中国毛笔字上,在这一集中叶甫盖尼介绍了自己的四个孩子学习汉语和写毛笔字的情景,其中戈迪懂五种语言和几百个罕见的汉语谚语,在中央电视台举办的语言才艺大赛中脱颖而出,而且喜欢书写毛笔字。这一集叶普盖尼向俄罗斯观众介绍了如何更好地学习汉语,表达了对中国文化的热爱。

① https://www.1tv.ru/shows/otkrytie – kitaya/vse – video。

《发现中国》的每一集都能体现中国文化，这里选取以文化主题为核心的几集，包括《艺术家之城》《象形文字》《中国新年》《中式婚礼》《中式祭祀》。叶甫盖尼和纪录片制作者发现，中国的很多城市都具有鲜明的特色，如位于深圳市龙岗区布吉街道的大芬村因为油画创作和产业化发展，有数千家油画商店和艺术工作室以及数万名艺术家聚集在这里，大芬村因此被誉为“中国油画第一村”，体现了中国油画产业与全球接轨的高端艺术形象。《象形文字》是 2019 年 11 月播出的一集，带着很多外国人的疑问：如何识别一堆线条和形状？这集纪录片介绍了中外学者关于象形文字的最新研究成果，通过介绍象形文字的传说形象生动地展示了从图像到文字的演变，还展现了中国老人在地上用毛笔蘸水进行书写的独特乐趣。《中国新年》中，叶甫盖尼和几个孩子身着中国红色唐装过新年，放鞭炮、贴对联、挂红灯笼、包饺子、收压岁红包、晨起拜年，把中国的新年习俗和各种仪式的内涵生动地展现给俄罗斯观众。《中式婚礼》《中式祭祀》都展现了中华民族长久流传下来的传统习俗，通过《中式婚礼》，俄罗斯观众可以了解举办中式婚礼的许多细节，如娶亲前敬告祖先、娶亲接新娘时越早越好的原因、中国婚庆习俗受到西式婚礼的影响而发生的改变等。关于文化主题的展现是抽象的、不易理解的，而跨文化传播更容易遭遇认知障碍和隔阂，《发现中国》站在俄罗斯观众视角对中国各种文化习俗进行编码和解读，有利于针对性地满足俄罗斯观众的好奇心和解开俄罗斯观众的疑惑，从而更加清晰而准确地定位中国形象。

（二）丰富多元的饮食形象

中国美食在俄罗斯民众看来是神秘而充满诱惑的，汉学家们

子的人丁和收成就越兴旺，而家中添丁增口时则要制作桥帮灯来庆祝，头灯追逐尾灯，经过反复躲闪后头灯终于追上尾灯，寓意生活总会在经历曲折后走向美满。《航拍中国·上海》中将上海这个融汇世界、引领潮流的城市作为体现中华民族包容性的典型代表，这个开放包容的城市是有历史根基的，摩西会堂旧址曾经在第二次世界大战时期帮助 3 万犹太人避难，风雨同舟纪念雕塑定格了一个感人瞬间——一位上海女人为一个犹太小女孩撑伞，体现的正是这座城市的包容与友爱。美国设计师设计的上海金茂大厦则通过对数字“8”的反复运用体现了中国人对“8”的钟爱。迪士尼乐园的引入也是上海开放的表现，上海迪士尼乐园融入了很多中国文化元素，比如迪士尼城堡的顶端安上了中国人喜爱的牡丹花，城堡旁的公园则借鉴了中国传统园林的设计。

《行走西藏》沿着滇藏线、青藏线、川藏线、新藏线，用镜头记录了西藏原始又壮丽的景象，西藏蔚蓝的苍穹和茫茫的草原给人以壮美辽阔之感，投射着无穷的生命力。胜地纳木措在川藏线中，镜头下的纳木措神圣古朴，充满神秘感，羊卓雍措充满韵味。西藏的山水多奇幻，一山有四季、十里不同天，纪录片为观众呈现了西藏景色的变幻莫测。同时，纪录片为观众揭示了这一地域人们的精神世界，当地民众质朴淳善，对待人生恬淡豁达。

《自然的力量》展示了自然之美，也警示人们违背大自然规律必得恶果，它的中心主题是呼吁人与自然和谐共生。俄罗斯观众通过这部纪录片不仅能看到大自然的狂野和生存法则，还能透过人与自然的不和谐现象而有所体悟。第一集《纵横》讲述了人类与亚洲象的冲突，因为人类种植橡胶、柑橘等经济作物蚕食了亚洲象领地，亚洲象的栖息地及食物来源受到威胁，在与人类争夺家园的过程中造成野象伤人的后果。第二集《山峙》则介绍了人类占据了西黑冠长臂猿栖息地而使得西黑冠长臂猿出现濒危的现象。第三集《水流》中人类产生的大量污染物进入大海，不仅使海滩面积大大减少，还对斑海豹的生存环境造成巨大影响。纪录片通过真实而发人深省的镜头语言和文字阐述了生物延续的法则——自然界应“以和为美”，倡导人与自然、人与环境互为依存、和谐相处，实现“天人合一”。

（二）人文纪录片：感受中国生活

《舌尖上的中国》《寻味顺德》等美食纪录片，向俄罗斯民众介绍了中国的美食文化，展现了中国人民对美食和美好生活的追求。纪录片不仅呈现了与食物相关的自然及人文生活景象，还赋予食物以情感和特殊意义，体现出“天人合一”、人与自然和谐共生的理念。从社会学和人类学的角度出发，美食纪录片不仅是对食物制作过程的记录，更是对中华民族祖祖辈辈传承下来的生存智慧的呈现，体现了中国的生存哲学。《自然的馈赠》《主食的故事》《转化的灵感》《时间的味道》《厨房的秘密》《五味的调和》《我们的田野》，每一个朴实的名字后面都蕴含着渊源深厚的中华文化。单珍卓玛和她的妈妈很早出门采拾云南林中自然生长的松茸，浙江毛竹林的冬笋可以与各种食物相配，冬至到大寒期间用诺邓井盐来制作火腿，湖北乡民在淤泥中合作采挖莲藕，纪录片中的这些场景让俄罗斯观众看到了中国人对大自然的敬畏和对大自然馈赠的感恩。一元钱一个的手工黄馍馍代表陕北地区农民的质朴实在和辛勤劳作；热腾腾的肉粽子留有嘉兴裹粽师傅们的温度；年糕是宁波人敬畏土地庆贺新年的仪式性美食，承载着家人团聚的喜悦和思念家乡的味道。《舌尖上的中国》以故事为载体，赋予美食情感和生命，表明个人的家庭归属和故乡情感，展现技艺的传承和生活态度。来自苏州的林囧接手父亲传承下来的老字号产业——得月楼,美食在他的心中是历史的传承,纪录片中林囧向小孩子介绍苏州名菜“松鼠鳜鱼”的来历:乾隆到江南微服私访,游玩疲倦后进店吃饭,店小二见其穿着朴素便有意怠慢,得知其皇帝身份后,亮出店内招牌鳜鱼菜,乾隆吃了连连叫好并取名为“松鼠鳜鱼”,这一典故也让这道菜流传至今。中国人在美食相关的器具等方面的讲究也是“民以食为天”的写照,中国的每个家庭都离不开灶台,甚至要在年节专门供奉和祭拜灶王爷,祈祷来年粮食丰收。

《舌尖上的中国》第二季第六集《相逢》便将主题升华为食物与地域和人文的关系。这一集介绍了来自中国各地的知名特色美食,如重庆火锅、杭州西湖醋鱼、新疆大盘鸡、台湾牛肉面,每一种食物都代表了一个区域特有的美食文化,这些美食联结了城市和人类的共同情感,给一座城增添了一种文化符号,同时也让城与城之间因为人的流动而有了交融。纪录片通过美食制作食材的“相逢”而呈现出中国美食文化的中和之美,各地食材的碰撞与组合产生了裂变奇观,成就了一道道美食。中国的美食具有鲜明的地域差异,每个地区有自己的饮食特色和饮食习惯,俗话说:十里不同俗,百里不同味。民间流传的口味歌唱道:安徽甜,湖北咸,福建浙江咸又甜;宁夏河南陕甘青,又辣又甜外加咸;山西醋、山东盐,东北三省咸带酸;黔赣两湘辣子蒜,又辣又麻数四川。纪录片中有关于各地卷饼的主题,将不同地区的卷饼进行了比较,形象化地讲述了“百里不同味”。不停的迁徙流转使人们在食物的做法上得到不断的交流,各地食材被大胆地集合在一起,锡林郭勒草原的雨后口蘑与江南的冬笋邂逅,成就了“烩南北”这道有300多年历史的中国北方名菜;重庆石柱的朝天椒与花椒等各地新鲜食材聚会，共同形成了如重庆火锅这样的有代表性的美味佳肴，让不同的美食文化符号集合形成一个新的文化符号，这也是外国人眼中中餐的魅力所在。中国餐桌文化也在纪录片中有所展现，中国人讲究长幼有序，每到饭点，必要等长辈上桌才能开饭，长辈不动筷，晚辈再急也得等着。中国人有句玩笑话：等我熬成了长辈，我夹菜的时候谁敢转桌。正是这餐桌上有温度的规矩成就了中国饮食礼仪的家文化。

《辉煌中国》是中央电视台制作的六集纪录片，全面反映了十八大以来中国经济社会发展取得的巨大成就，包括《圆梦工程》《创新活力》《协调发展》《绿色家园》《共享小康》《开放中国》，通过港珠澳大桥、胡麻岭隧道、郑万铁路、复兴号、上海洋山港自动化码头、中国移动互联网等一个个超级工程，向观众展现了中国政府修路造桥、造福百姓的决心和能力；通过介绍移动支付、共享单车、“中国制造2025”、物联网、大数据、云计算等新技术，以及空天领域、海工领域、芯片等尖端领域，展现了一个创新动力源源不竭、创新人才不断涌现的中国；通过长江经济带、京津冀一体化、雄安新区崛起，表明中国正站在新的历史起点规划版图、谋划未来；通过讲述工业化进程中的绿色发展故事，展示了中国面对经济增长和保护环境的矛盾时体现的决心、勇气和担当，绿色发展的理念已深入人心；通过长寿之乡、海岛医院等大量民生工程，展示了百姓在生活中看得见、摸得着的获得感、幸福感、安全感和自豪感，传达了百姓心声；通过北京 APEC、杭州 G20、达沃斯论坛、金砖会议等国际盛事的成功举办表明中国深化改革开放并逐渐走近世界舞台中心的决心和成就。

《超级工程》是展现中国科技创新的科学工程类纪录片，以纪实手法聚焦体现重点尖端科技突破的中国力量。“一带一路”沿线国家心目中的中国“新四大发明”是高铁、移动支付、共享单车和网购,《超级工程》第三集《中国车》有宏大的叙事,也有微观的感动,为观众勾勒了中国高铁的模样。外国游客来到中国乘坐高铁时往往惊讶于它的高速、平稳、舒适,中国高铁是从“中国制造”到“中国创造”的产物,从中国高铁研发技术的不断突破到高铁座椅的人性化设计,从高铁建造时遇到的难题到工人们不畏艰难勇于创新的尝试,这集纪录片向俄语观众展示了中国技术的创新和经济的飞速发展。

中国在俄罗斯民众的心中是神秘而古老的,那些历史的风云记录在博物馆中,现于荧屏时总会吸引很多目光。《国家宝藏》把专属于中国人的历史文化遗产具象呈现在世人眼前,承载中国人应有的文化自信。节目记录了近百种宝藏及其背后的历史,用现代技术将古老的文明在眼前放大,那脆弱的一片纸、破旧的一个罐子,都承载了中华文化某个特定历史阶段独有的故事。《如果国宝会说话》是由中宣部、国家文物局、中央电视台共同实施,中央电视台纪录频道制作的电视纪录片,与《我在故宫修文物》《国家宝藏》等纪录片相呼应,通过生动有趣的方式让陶俑等文物“说起话来”,拉近了文物与观众的距离。

中国的传统技艺是百姓生活智慧的凝练与升华,《手艺》是《探索・发现》栏目聚焦中国传统手工艺的系列纪录片,俄语频道翻译传播了第三季。这一季共二十五集,内容涉及泥塑、藏香、马鞍、舞龙、制壶、爆米、头面功夫等,这些都是中国世代传承下来的智慧结晶,不仅那些赏心悦目的艺术手法让人叹为观止,就连崩爆米花也曾是外国人眼中的中国街头奇观。通过这部纪录片,俄罗斯观众可以看到中国的手艺人在各自擅长的领域里如何各显神通。《头面功夫》中将“二月二,龙抬头,龙不抬头,天不下雨”

的中国传统作为这一集的主题。中国人在“二月二”理发寓意着一年都会红运当头、福星高照。理发修面看起来是再普通不过的日常生活所需，在新的时代已经有了全新含义，转变为年轻时尚向美的心理需求。纪录片将因人而异、应景而剪的头面功夫技巧与北京流行文化的风向标结合起来，老北京人在四联美发寻找生活品位和时代记忆。“在这个人与人之间越来越陌生的时代里，这样的相聚充满着人情味儿”一语道出中国百姓理发造型所蕴含的情感。纪录片并非单纯地展现头面功夫，还加入了大量历史背景的介绍，追根溯源，将北京服务行业的发展与上海老字号联系起来，理发行业的变化是时代变迁的缩影，但是，无论如何转变，它始终是情感和技术的结合、以人为本的传承。《手艺》纪录片的可贵之处在于直面历史，将真实的手艺和其时代背景展示在俄罗斯观众面前，第三季第十集《头面功夫》未规避“文化大革命”时期理发行业受到的影响：封镜子、藏吹风机、禁烫头，女活全面停工。经过十年“文化大革命”后，凭单位介绍信可以烫发，理发师吴永亮开始为电影演员田华等人烫发，直到1978年改革开放后，中国女性的发式才再度丰富起来，烫发潮流日渐风靡。20世纪80年代，染发开始流行，各种发式及装饰也越来越多，私营理发店有了更多的发展空间，新一代理发师为这一行业注入了新风。《手艺》的每一集都是展示中国手艺的窗口，透过这个窗口，俄罗斯观众可以看到中国手艺的内容、发展和手艺人的精神世界，从而对中国形象形成更加立体的认知。

（三）抗疫纪录片：彰显中国担当与力量

在对俄传播中，纪录片承载着记录历史和展现当下的功能。越来越多的中国纪录片译配了俄语版进行传播，让中国故事走出国门，在跨文化语境下建构更加直观、立体、多元的中国形象。近年来，纪录片更加关注现实题材和创新微纪录片形式，对俄传播的《同心战“疫”》（第一集《令出如山》、第二集《生死阻击》、第三集《坚强防线》、第四集《众志成城》、第五集《命运与共》、第六集《人民至上》）、《生死之间》、《武汉 24 小时》、《战“疫”》、《我们在一起：中意携手同心抗“疫”》等抗疫主题纪录片，展现了中国的抗疫力量，塑造了中国勇于担当、以民为本的大国形象。

在这场新冠肺炎疫情防控阻击战中，中国政府和人民展现了制度优势和“中国速度”，即中国控制疫情的政治体制优势和全民团结一心的力量。在新冠疫情肆虐全球的当下，人类命运共同体的现实价值更加凸显，战胜疫情需要全球团结合作。

中俄两国作为友好邻邦，通过抗疫深化了合作，也让两国人民对彼此的好感有所增加。俄罗斯为中国战“疫”提供了重要的医疗物资救援和医疗小组支持，同时很多俄罗斯人在网络上留言鼓励中国人民，多位学习汉语的俄罗斯学生拍摄了微视频为中国加油。中国也在俄罗斯有需要时给予物资和医疗队援助，《俄罗斯报》等多家主流媒体肯定了中国的抗疫贡献。俄罗斯国家电视台 24 频道“俄罗斯 -24”频道在黄金时段播出纪录片《武汉战疫纪》，客观多角度地展现了武汉战“疫”历程，从武汉开始出现病毒感染者到全国各地逐渐清零，大量镜头真实展现了在疫情面前中国各地援助武汉及全民抗疫所付出的艰辛，高度评价了在病毒面前中国医护人员和各行业人民顽强不屈的抗疫精神。

《同心战“疫”》《生死之间》《武汉 24 小时》《战“疫”》都是以抗疫期间政府和各行业的抗疫举措、抗疫一线的医护人员、与新冠病毒抗争的人民为纪录对象，通过一个个真实故事来塑造多维度的中国抗疫形象。三期系列新闻纪录片《武汉 24 小时》多语版本在全球52个国家和地区的182家主流媒体播出或转载，讲述了疫情发生后武汉普通人经历的真实故事，有温情也有大义。这部纪录片中CGTN制作团队整合了CGTN及中央广播电视总台在武汉一线记者的优秀报道资源，运用适合国际观众观看的叙事方式及精良和细腻的剪辑手法，对素材进行了创编。《武汉24小时》系列由《震中》《隔离》和《复苏》三部曲组成，以不同职业和身份的普通人为拍摄对象，展现了疫情发生后武汉医护人员、驰援武汉的医生、重症患者、外卖骑手、自我隔离的居民以及社区工作者的工作、生活和为抗击疫情所付出的努力，将每一个生动感人的故事巧妙地串联在一起，让俄罗斯观众看到了中国各领域的团结与坚韧、温情与关爱、担当与责任。传统纪录片的纪实影像大多配以专家访谈来进行深度挖掘，当下电影式讲述真实故事的纪录片则更容易被受众理解和接受。抗疫主题纪录片大都运用场景再现的方法，给予抗疫主人公更充分的表达情绪的空间，让观众更容易与纪录片主人公产生共鸣，形成更切实的体会。

第五章　文化间性视域下“中国形象”影视传播境遇

本章在前文对中国电影、电视剧和纪录片的对俄传播情况进行调研及文本分析的基础上，剖析中国影视文化建构和传播“中国形象”时遇到的疑难问题，这些问题主要包括：语言差异为影视理解带来障碍；因意识形态与刻板印象等因素导致的文化折扣现象；中俄合拍片尚未发挥较强影响力；等等。

第一节　语言差异影响跨文化传播与“中国形象”表达

中国影视作品对俄传播需要对影视语言进行字幕翻译或俄语配音，解决受众因语言不通而无法观看及理解影视作品的问题。影视作品中的情节和人物性格都需要依托语言进行塑造，中国国际电视台俄语频道译制了四十多部电视剧供俄语观众观看，包括 «Весна Чжан Сяоу»（《张小五的春天》）、«Мечты о счастливой жизин»（《幸福生活在招手》）、«Мечты о счастливой жизни»（《金太狼的幸福生活》）、«Счастье Фу старшего»（《老大的幸福》)、«Счастье стучится в двери»(《幸福来敲门》),这些电视剧聚焦小人物的日常生活,通过家庭关系、职场进取来展现主人公们对幸福生活的追求,体现了知足常乐、互助友爱、不畏困难的中国传统价值观。《老大的幸福》里憨厚老实的足疗师傅吉祥即傅老大作为家中长子,肩负起家庭重任,供三个弟弟和一个妹妹上大学,体现了“长子为父”的中国传统家庭观念。傅老大婚姻失败、下岗失业,但仍对生活充满乐观和憧憬,安心做一名快乐的足疗师,认孤独症儿童乐乐为干儿子,最终过上幸福喜乐的生活。《张小五的春天》中张小五在三十而立之时遭遇未婚夫另觅新欢、公司周转不灵濒临倒闭、房东嫌她拖欠房租而将她赶了出去等一系列困境,感情和事业的双重打击并没有打倒这个乐观坚强的姑娘,她坚守中华民族传统美德——诚信,宁可自己无处安身也先给农民工发放工资。《幸福生活在招手》同样是一部现实主义题材的都市情感剧,剧中一个普通家庭因为一张 500 万彩票的丢失而发生了改变,不是因为金钱的利益冲突而是因为城乡矛盾、婚姻矛盾等综合因素导致赵正大和杨立佳的婚姻破裂,但剧中人物在骨子里是善良的,遇到困难总是“报团取暖”,刀子嘴豆腐心的女主角是很多中国家庭主妇的缩影,而嫂子照顾因受伤而患上失忆并伴有暂时性智力障碍的小姑子也让观众看到了至真至善的传统美德。

俄罗斯影视网站上经俄语字幕组加工的中国影视剧,从剧名的翻译来看,无法进行原意的精髓呈现,如《惹上冷殿下》的俄文译名为«Случайная любовь»即“偶然的爱”,而《双世宠妃》的俄译名为«Вечная любовь»即“永恒的爱”,《不得不爱》的俄译名为«Быть с тобой»即“和你在一起”,《择天记》的俄译名为«Воин Судьбы»即“命运的战士”,这些翻译都采用了对剧情的概括性意译，中国特色不够鲜明。

«Чудо-доктор Си Лайлэ»（《神医喜来乐》）的主人公喜来乐是古代沧州的一个乡下郎中，他悬壶济世、跌宕起伏的一生悲喜交加，可看性极强，同时因为展现了大量的中医医术，该剧很好地宣传了望闻问切诊病法、中医汤药、针灸推拿等手法。

中国的很多歇后语、成语和谚语的翻译是极难的，比如《神医喜来乐》中卢大人说"这道菜叫作'三十六计走为上计'"，其中"三十六计走为上计"对应的俄文翻译为"нет выхода лучше побег"，直接翻译的字面意思是"没有比逃脱更好的出路"，意译就是"逃走是最好的办法"，能够让俄罗斯观众理解卢大人的意思，也能够推动剧情发展，但是谚语中提到的中国传统兵法中的"三十六计"却无法被俄罗斯观众了解。基于文化背景的翻译能更准确地表达影视剧主题，比如中国古装剧中经常出现皇帝这一角色，皇帝的衣服通常被称为"龙袍"，在中国，龙不仅是帝王的象征，也是中华民族精神的象征，代表炎黄子孙的传承。但在俄罗斯语义系统中的дракон却具有与中国理解的"龙"完全不同的象征意义，俄语中的"龙"代表着魔鬼和罪恶，俄罗斯神话中的"龙"能喷火，飞翔在天空中，所到之处皆是灾难。俄罗斯电影《他是龙》中的开场就是用身穿洁白衣裙的女孩祭龙，恶龙让人们忌惮恐慌，不敢反抗，被抢走的女孩的爱人战胜了龙，成为勇士，而那条龙的后人一直挣扎在恶龙与善人之间，备受折磨，最后在爱的感召下，龙和人幸福生活在一起。所以与龙相关的中国影视剧在对俄传播进行语言转换时，采用了"龙"的拼音标注形式为译文，以避免俄罗斯观众产生文化误读。

带有俄语翻译的字幕或配音的电视剧将剧中人物的对白或旁白进行俄语阐释，是中国影视剧跨文化传播的载体，有助于俄罗斯观众对中文对白进行准确解读，对于传播影视剧中的中国形象和传统民族文化，让俄罗斯观众感受中国语言魅力和百姓日常生活乐趣，都尤为重要。影视剧能包含人类共通的价值观，比如公平正义、求真尚美、尊老爱幼等，这些共通的价值观念通过语言转化能够引起俄罗斯观众的共鸣。从这一角度出发，影视剧跨文化传播应建立在建构彼此文化主体身份的基础上，双向平等互动，尽量避免因翻译不贴切、忽略背景文化知识而出现的文化折扣现象，也应尽可能站在受众的文化立场将中国影视语言进行合理化的翻译与阐释——实质是将中国文化转化为俄罗斯受众可以理解和接受的文化。《神医喜来乐》中王太医生怕开错药影响身家性命，而喜来乐却十分洒脱，王太医说：“如履薄冰，如临深渊哪……喜来乐他是光脚的不怕穿鞋的。”这句话对应的俄语译文为“А Си Лайлэ ничего не боится, потому что ему нечего терять.”。为了简洁明了地让俄罗斯观众理解王太医的心情，此句在翻译时加入了意义的概括和升华，将“光脚的不怕穿鞋的”背后的含义翻译了出来，即“喜来乐没有什么可害怕的，因为他没有什么可以失去”，从而将民间郎中和宫廷太医的心情和境况的差异明确地体现出来。有些影视剧的对白在跨文化传播时会遭遇理解困境，主要原因是文化价值观念存在差异，比如中国的古代家庭伦理剧中时常会出现“不孝有三，无后为大”，虽然经过时代变迁，这句话已经不再具有原本的影响力，但是仍然可以折射出影视剧中说出这句话的人物的心理活动，《神医喜来乐》中王爷说的这句话的俄语译文为“Среди трех видов сыновнего непочтения отсутствие потомства—самый тяжкий грех”，表面意思是“在三种不孝顺的行为中，缺乏后代是最严重的罪过”，而这种想法在俄罗斯观众看来是难以理解的。

第二节 “他者”视域下的文化折扣问题

影视文化作为媒介文本,通过镜头语言和符号指征可以成为具有特定意义的思想工具,产生强大的传播力和影响力。在文化全球化语境中,不同国家和民族的影视文化交融碰撞,实质是文化话语权的激烈博弈,通过自身话语体系与受传者所在语境的融合实现文化形象的建构。俄罗斯长期受欧洲文化浸润,近些年来,好莱坞影视又在全球具有较强的影响力,占据着话语优势地位,相比较而言,中国影视文化在俄罗斯是“后起之秀”,仍需要进行形象建构和提升主体话语权,才能实现文化形象自塑,同时与俄罗斯文化相融相通。现阶段,阻碍影视文化传播的主要问题是“他者”阐释中的文化折扣现象。

首先,民族文化价值观的表达与阐释需要建立在民族文化主体身份认同的基础上。

有些中国影视剧弱化中国文化符号的表达,可能导致观众对中国文化形成误读。《赵氏孤儿》的原著中程婴是一个为报答赵氏的知遇之恩而选择保护忠良遗孤的英雄形象,他体现了中华民族舍生取义和守护良知的良好品格,承载了高尚道德和理想人格。但是据其改编的同名电影为了加大戏剧冲突,将程婴塑造成一个胆小怕事、不敢承担责任的人物形象,与忠义象征相差甚远。影片中一连串意外导致程婴不得不救下遗孤,这种改编虽然让电影充满了戏剧性,却偏离了程婴义无反顾救恩人遗孤的原型;同时影片中的程婴违背庄姬夫人的嘱托,让遗孤成为他个人复仇和满足一己私利的工具,这些人性的复杂呈现颠覆了原著颂扬的崇高正义的传统价值观,可能导致俄罗斯受众对中国传统伦理道德经典形象的认知偏移。

其次,意识形态差异影响中国影视作品的跨文化解读。

社会学家 William Graham Sumner 的“民族中心”主义可以解释跨文化传播产生差异和冲突的原因,即人们总是“以其个人所属群体为一切事物的中心出发点来看待事物,对其他所有群体则按照自己的标准把它们分成等级……每个群体都认为只有自己的社会习俗是恰当的,看到别的群体有不同的社会习俗,就会嘲笑”。(Merton and Sztompka,1996)长久以来,以宣传爱国主义为主题的红色影片让俄罗斯观众印象深刻并形成观影记忆,再加上意识形态差异,俄罗斯观众观看中国影片时难免会受到原有印象的影响。

最后,刻板印象是影响中国形象影视表达的主要障碍。

分析俄罗斯影视网站上中国影视作品得到的评论后可以发现,部分俄罗斯观众对中国影视作品的解读受先入为主的刻板印象的影响。“刻板印象”最早由李普曼在其著作《公众舆论》中提出,指的是人们对某一事物的既有印象和简单固化的看法。刻板印象一方面可以促使人们接受新事物,另一方面也可能阻碍人们理解新观点。刻板印象与媒体制造的拟态环境有直接关系。俄罗斯观众由于长期浸润在西方媒体构建的信息拟态环境中,对中国形象的认知经由西方媒体“他者”化建构,难免有失偏颇。媒体经过对中国新闻的选择、加工和建构,在报道立场和倾向方面对俄罗斯观众进行议题引导和视野设定,久而久之,俄罗斯观众会形成简单认知和刻板印象,从而影响对影视作品中中国形象的判断,甚至在行为层面上影响与中国的交流。

俄罗斯受众长期观看的欧美影视剧中,华人出演的角色往往被刻画成了刻板形象,在 kino mail. ru 网站中,浏览量排名靠前的中美合拍影片《面纱》讲述的是生活在中国的一对英国中产阶级夫妇的爱情故事。这部影片以解放前中国军阀混战时期为背景，刻意展现了旧中国的落后以衬托西方人的“救世主”形象，瘟疫肆虐和尸横遍野的场景在影片中大量出现。这部影片是西方视野下的东方主义典型文本(吴卫华,2017)，带有明显的“他者”化解读和呈现，容易造成俄罗斯受众对中国形象认知的刻板成见。《十三罗汉》这部影片中塑造的中国男性形象，沿袭了《偷渡者》中杉罗“头顶瓜皮帽、眯缝着双眼、额头上眉毛稀疏”的形象，影片中以暴发户形象出现的王先生与《华尔街2》中的商人徐先生如出一辙，都折射了西方人对中国人形象的丑化。这些刻板形象对俄罗斯观众产生极大影响。俄罗斯校园剧《物理还是化学》中的张大明虽然是华人年轻学子形象，但是仍然在恋爱、学习、生活中体现了文化冲突对人物塑造的影响。俄罗斯电影《最萌警探》中沿袭了西方对中国的神秘看法，杨歌饰演的女巫通过神秘预言推动了老探长与孩童的灵魂互换，这一形象迎合了俄罗斯受众对中国这一东方国度的定位。近些年，这种刻板印象正通过更多的影视文化交流得到改善，比如《莫斯科陷落》中的中国小伙形象有了较大改观，他在关键时刻因保护同伴而受伤，体现了责任与担当，也被同伴重视和爱护，他在与外星人对峙时拿着燃烧瓶勇猛果敢，且形象已经脱离早期的猥琐不堪，而是帅气阳光。娜杰日达·卡尔波娃创作的《匆匆那年之彼得堡》中，讲述了中国留学生郝家一与俄罗斯女孩的爱情，更真实地反映了中国留学生的形象。卡尔波娃在接受俄罗斯卫星通讯社采访时表示，该片关注中国留学生群体的生活与爱情，用喜剧手法表现了中国留学生在俄罗斯的困境与如何挣钱等，将中国留学生直播卖货等现实生活写进了剧本。

定型化的形象是对差异形象的简化和固化的结果，是对其他群体的排斥。这种固定形象需要通过更多的中俄合作和媒体、导演、演员等的共同努力来改变。一部影片或电视剧不能够反映中国形象的全貌，也不能刻画出中国人形象的全貌，因此需要更多影视作品的对外输出，从不同侧面立体化展现真实丰富的中国形象。此外，早期的中国影视作品在跨文化传播时，存在将民族糟粕作为"东方奇观"进行渲染的现象，这一现象经过反思和批判后有所减少。影视创作者们应避免影视作品中存在伪民俗，这些伪民俗极易诱使俄罗斯观众对中国文化进行误读，而应尽力让真正具有中国文化底蕴和真正能够代表中国形象的内容被俄罗斯观众看见、理解和记忆。

第三节　中俄合拍片的文化影响力亟待提升

俄罗斯相关网站的统计数据表明，合拍片在俄罗斯拥有更多的观众群体，影响力较大，是中国影视文化对俄传播和塑造中国形象的有效途径。21 世纪以来，中俄合拍事业渐渐有了起色，但是与展现中国精神的《英伦对决》、讲述中国故事的《分手合约》等相比，中俄合拍片对中国文化的诠释和俄罗斯文化的展现都还有待探索。中俄合拍影片不仅应着眼于中国市场，力求得到中国观众的认可，还应注重中国文化的对俄传播，中国文化元素应与剧情深度融合，以便更有效地向俄罗斯民众传达中国精神。

在海外传播中，市场中的观众们通常对合拍影片中有别于自身文化的"他者"文化中的生活方式、价值观、历史、神话、制度以及环境等有着自身不同的理解，而这种理解往往与创作者想要表达的内涵有着很大差别。这就造成了中俄合拍片对外传播过程中的文化折扣现象，而文化折扣的高低会直接影响观众对合拍片的理解和接受程度。一般来说，可以从以下几个方面降低文化折扣。

一是叙事内容的多义性。从合拍电影内容的多义性来看，在"一带一路"沿线国家的合拍片中，电影创作者会将本国或他国的历史、政治、文化融入"他者"视域下进行重新建构，从而减少文化的多义性理解，进而降低文化之间的折扣。中俄合拍片《战斗民族养成记》以爱情为题材，在内容塑造中选取女婿和老丈人之间的冲突为切入点，将家庭情感关系作为主要叙事主题，让两国观众都有普遍的认同感与代入感。从宏观上来看，父亲对女儿的亲情，准女婿对女友的爱情，两种情感关系缩小了两国观众的地域文化差异。但从微观上来看，由于社会历史、语言习惯、宗教信仰等方面的差异，部分观众可能对影片中人物的语言、行为等产生一定的理解偏差，无法理解深层次的文化内涵。因此在跨文化传播过程中，要充分了解两国观众在社会历史、语言习惯等方面的不同，尽可能地把民族文化通过影像语言深层次地融入影视作品中，否则就会造成一定程度的文化折扣，影响观众的接受程度和在国际市场的效益。

二是叙事内容的海外文化输出。纪录片《这里是中国》为中俄联合拍摄，现已制作并播出两季，是一部全方位传播中国文化的纪录片。该纪录片在"今日俄罗斯"电视台、中国中央电视台等多家国际主流媒体平台面向全球播出，目的在于传播中国文化，对外推介国家形象。根据中国国际电视台新媒体投放的数据反馈，《这里是中国》第一季累计收看人数超过640万。CGTN还在CGTN移动网、CGTN客户端以及微博、Twitter、Facebook（Meta）、YouTube等国内外社交平台推送《这里是中国》6集系列纪录片的英文版本，获得的全球阅读量超过410万，总独立用户访问量超过210万，总互动超过7.2万。（王怀东，2018）《这里是中国》在“一带一路”倡议下中俄双方开展文化交流的大背景下，以外国人的视角来拍摄中国新貌，讲述中国故事，以较低的文化折扣姿态出现，使其在俄罗斯市场有很大的吸引力，从而拓展了海外市场。《这里是中国》的成功制作和播出有利于俄罗斯人民更好地了解中国传统的历史文化和现代的发展成就，从而进一步推动中俄两国文化的交流与合作。

三是不同文化价值观的解构与重构。不同文化和不同的民族价值观体现着不同的国家形象。既要在中俄合拍片中表现出本国特有的文化形态，又要符合两国的主流价值观，对不同文化的解构和重构就显得尤为重要。影片《他是龙》对中国古代的图腾“龙”和俄罗斯神话中“龙”的形象差异进行了全方位解构，中国“龙”象征着权力的至高无上，而俄罗斯神话赋予“龙”民族英雄的形象或“龙”后裔的形象。通过在影视文化创作中对“龙”的主题意义表达进行重构，借助讲故事的方式，将中国文化中的相关叙事与俄罗斯文化的叙事逻辑结合到一起，使影片更加符合两国观众共同的心理诉求和价值取向。总而言之，中俄合拍片在进行合拍主题选取、叙事模式调整、人物形象塑造时，一方面，要特别重视中华传统文化中的“仁义礼智信”和符合当代价值观的文化资源，将其进行“整合”与“重构”；另一方面，要加强对俄罗斯文化如宗教文化、茶文化、美食文化等的筛选与表达，选取两国观众易于接受的文化元素，从而更好地解决文化折扣带来的问题。

第四节　人物符号化带动影片传播的辐射效应

影视剧是典型的视觉文化，囊括了人物、器物、建筑、饮食、情感、宗教等多种文化符号，影视文化交流的实质是符号的交流与意义的解读。张艺谋、李安、陈凯歌、章子怡、成龙、杨幂、赵丽颖、霍建华、鹿晗等一系列人物对于影视文化传播而言皆为人物符号，他们在影视制作和表演领域具有较高的知名度及认可度，是俄罗斯受众熟悉的影视人物，因此他们的作品，无论是制作的影片还是所饰演的人物，都受到他们的辐射影响。俄罗斯网友在观看影视剧时往往是"因一人而择一剧"，因为喜欢某个明星而观看其作品在俄罗斯是比较普遍的现象，影视人物作为一种消费符号和文化代言已经具备带动影视作品传播的价值。

从接受心理学的角度来看，受众的观影行为受选择性接触机制的影响，既有的知识结构、文化背景、职业阶层、审美偏好都会影响受众对影视作品的选择，人们通常喜欢选择性接触熟悉领域的作品并进行解读。选择性接触、选择性理解和选择性记忆是一个不断深化的过程，影视明星等在影响俄罗斯受众选择性接触方面具有名片优势，他们是各种媒体集体建构出来的公众人物，媒体赋予了他们社会地位和高知名度，这种明星效应对于影视作品传播而言具有强大魔力。观众对其喜爱的明星往往具有不同程度的认同，会根据情感喜好和自我认同而选择"介入""投射"和"衍生"。观众爱屋及乌，在观看喜爱的明星参演的影视作品时会全身心投入到该明星所饰演的角色中，跟随角色的喜怒哀乐而有所体悟，生出各种情绪，这种参与感便是与明星同步的情感“介入”；观众观看影视作品已经超出情节和剧中人物关系解读的层面，在作品内看明星的表演，在作品外看明星的言谈举止和日常生活，影视作品只是因明星而“投射”关注的一隅；明星符号化带动影视作品传播的最高境界是“衍生”，观众不仅“进入”明星的影视作品中，还通过实际行动为明星的影视作品尽力宣传，密切关注明星的一举一动，仿若熟识的老朋友般推介和传播与明星相关的一切影视作品。不同的认同程度折射出不同的明星话语权，在跨文化传播中充分发挥明星符号化的作用可以有效推动影视文化得到异域观众群体的认知、理解和接受。

明星及其影视作品可以改变俄罗斯观众对中国国民形象的误读。由于早期中国影视作品经常刻画软弱女子和恶人形象，使得一部分俄罗斯观众对中国人形象的定位趋于简单化。当前，无论是中国影视剧的主动输出还是俄罗斯媒体的集体建构，中国影视剧中的人物形象更加现代化和立体化。英国学者齐亚乌丁·萨达尔在《东方主义》(2005)中指出：“创造的对东方的想象已经成为西方审美情趣中不可分割的一部分。”但是当代中国影人和影视作品正在用自身话语解构这种“他者”想象式的形象，李小龙、成龙、李连杰、甄子丹、吴京等功夫明星及他们的功夫影片对中国的硬汉形象和东方英雄形象进行了积极建构，改变了俄罗斯及西方观众对中国“东亚病夫”的“他者”想象；巩俐在《红高粱》中塑造的具有反叛传统个性和勇敢无畏精神的“我奶奶”，章子怡在《卧虎藏龙》中饰演的个性张扬、敢爱敢恨的玉娇龙，闫妮在《张小五的春天》中呈现的言出必行、奋进拼搏的张小五，马伊琍在《我的前半生》中演绎的自我觉醒、浴火重生的事业女性罗子君，都将中国女性自主独立和积极进取的一面展示给俄罗斯观众。

中国功夫也展现了中国人的多维度形象,李小龙通过强健的体魄为俄罗斯观众呈现了中国武术传奇,成龙通过真实的自我展示了中国功夫的智者生存哲学,李连杰将具有美感的"修德重义"式中国功夫展示给俄罗斯观众,"以德服人""仁者无敌"的武术文化精神和儒家思想让凭借近身肉搏吸引眼球的中国功夫更具包容性和真实性。

《中国游记:龙牌之谜》作为中俄合作重点打造的影片,借助成龙、施瓦辛格等知名影星的国际影响力,在制作阶段就吸引了受众的关注。恰如成龙所言:"人们去电影院看一部'成龙电影'是为了看成龙。电影名字或是情节并不重要,重要的是只有成龙能拍成这样的电影。"(里昂·汉特,2010)这部影片也充分调用了成龙的票房号召力,前期进行了大量宣传,但这部影片在中国国内的票房成绩欠佳,上映9天后只有不到2 000万元的票房,作为《魔鬼的精神》的续集,观众满怀期待地走进电影院,却没有看到预期的佳作,豆瓣评分仅为3.6,收到大量负面评价。中国观众大多认为影片中的中国文化元素流于形式,以及成龙的戏份不足以撑起整部影片。但《中国游记:龙牌之谜》在俄罗斯得到院线的大力推广,以280万美元的票房在俄罗斯同时段影片的票房中居首位,在下线前取得过进入俄罗斯2019年度影片票房总榜单前30名的好成绩。俄罗斯成为《中国游记:龙牌之谜》全球最大票仓,显示了成龙和施瓦辛格在俄罗斯的票房号召力,这两位影星是这部影片吸引俄罗斯受众的关键。俄罗斯影评家 Борис Гришин 认为,影片中成龙扮演的白魔法师和施瓦辛格扮演的伦敦监狱长虽然不是主要角色,却展现了史诗般的打斗场面,影片中充满了中国奇幻小说的元素,但剧情不够连贯,对彼得一世时代的俄罗斯描述缺少史实依据。很多观众因为片中提到果戈理的魔怪小说而选择观看这部影片，虽然对影片中许多亚洲面孔所演绎的情节感到陌生，感受不到高品质的笑点，但是仍期待看到更多中俄合作演绎俄罗斯经典的作品。也有观众对影片中的影视特效提出质疑，认为影片技术不够成熟，缺少新鲜元素，尽管有中俄合作的加持，但是“Невнятная история, отсутствие главного действующего лица и слишком резкие сценарные переходы（影片故事模糊、缺少主角、剧情过渡突兀）”使得这部影片缺少看点。

导演、演员等影视人物对中国影视的跨文化传播固然有带动作用，但是仅凭名人效应不能从根本上推动俄罗斯受众对中国形成深度认知。影视作品应采用俄罗斯受众容易理解和接受的叙事方式，讲好中国故事，传播好中国声音，才能塑造好中国形象。

第六章　文化间性视域下“中国形象”的影视表达策略

本章从文化自主、文化互渗、文化认知、文化机制四个维度提出“中国形象”的影视表达策略。在文化自主维度，要保持文化自觉，通过透明叙事探寻共有的审美体验，通过降低影视理解难度来提高中国影视作品的易读性；针对文化折扣现象，可通过电视剧来改善刻板印象、传达主流价值观；要根植中国传统文化沃土，展现当代中国精神。在文化互渗维度，可通过中俄合拍来突出两国文化的接近与融合，在浸润式传播中规避文化隔阂，从而扩大中国形象的表达空间。在文化认知维度，可通过不同渠道的影视议题设置和中国影视文创产品开发，培养俄罗斯受众对中国影视及中国形象的正确认知。在文化机制维度，可从政策保障、人才支撑、渠道拓展等方面进行建设。

第一节　以文化自主性为根基，塑造中国新形象

一、保持文化自觉，通过透明叙事探寻共有的审美体验

中国的影视作品，无论是电影、电视剧还是纪录片，都应该保

持文化自觉，坚持中国传统的同时紧扣时代发展的脉搏，突出中国特色的同时注重与受众国文化的融合。文化自觉是人们对其文化有“自知之明”，明白它的来历、形成过程及作用，明白它的意义和受到的其他文化的影响及发展的方向。（王俊义，2003）从电影创作层面来看，文化自觉应融入剧本创作、电影叙事、演员表演、场景设置等各个层面之中，电影制作者不仅应对本土文化有充分的认知和解读，还应能借助影像手段进行恰当的展现。文化自觉包含了独立的本土文化意识，也兼具与其他民族的文化碰撞时所激发的创新精神，能够求同存异、兼收并蓄，通过独特而共通的影视语言使本民族文化能够在全球化浪潮中保持自主性的同时得到认可。近些年，印度电影渐渐激发了全球观众的观看热情，《贫民窟的百万富翁》《三傻大闹宝莱坞》《摔跤吧！爸爸》将歌舞表演和电影叙事巧妙结合，既呈现了宝莱坞独具特色的歌舞元素，又通过表达创新奋进、亲情友情等能引起全球观众情感共鸣的主题，将民族特色和国际化传播有效融合。中国影视作品的对俄传播，不能局限在追忆历史唤起情感这一层面，针对新一代俄罗斯受众，应更好地彰显中国特色，体现中国传统与现代的精神风貌，展示中华民族的智慧与思想，探寻人类共有的审美体验和价值追求，找到使传播效果最大化的契合点。

俄罗斯观众在观看中国影视作品时遭遇的首要问题是文化差异及叙事习惯差异所产生的理解障碍，为此应提高影视文本的易读性。在影视剧输出翻译的过程中应进行再创作，加强影视文本与俄罗斯社会的联系，针对俄罗斯受众的审美心理和思维方式，在不影响影视剧主体的前提下调整相应内容，从而解决受众难以理解的问题。借鉴好莱坞电影的高科技特效场面是为了契合不同国家受众的审美以及降低影视理解难度，中国影视剧可以进行针对性生产，将俄罗斯的文化元素融入作品中，形成接近性文本，使影视剧更容易被俄罗斯观众选择，而中国影视剧中涵盖的古典文化内容较难通过语言翻译准确传达，无疑增加了影视文本的理解难度，因而应在翻译再创作方面提升易读性，力求在重新剪辑、配音、配乐和给出字幕翻译后能更接近俄罗斯观众的文化旨趣。《媳妇的美好时代》在非洲的热播便归功于跨文化输出时进行的再创作。

提高中国影视作品的易读性，还可以通过透明叙事传达共同审美体验。透明叙事最早由罗兰·巴特和汉斯·布鲁门伯格提出，他们认为神话可以表达共同情感，贯通古今，得到大多数人的认可，神话的叙事是一眼就能看穿的玻璃体，无论什么文化背景的受众都容易理解和产生共鸣，很容易与影视剧中的情感融为一体，减少不适感。这种透明叙事的核心在于主题的选择和价值的传递，传达诸如良善、责任、正义、亲情、真爱等的影视剧更具有跨文化传播的开放性，简单的“冲突——化解——团圆”叙事结构更容易被理解，而传统的正邪之战、战争与和平等价值较量也更能体现人类共有的情感，从而被跨国受众接受。在提高影视文本的易读性方面，可以在使用俄罗斯故事的同时融入中国元素，如《猎人笔记》的改编就拉近了与俄罗斯受众的距离；加强中俄合作，引入俄罗斯导演、演员进行影视制作，在名人效应的带动下，影视作品更容易获得俄罗斯观众的关注和认可；影视作品中的场景可以在俄罗斯取景，营造俄罗斯受众熟悉的画面可以使其产生亲切感，更容易理解剧情。中国影视剧只有进入俄罗斯观众的视野，适应俄罗斯的影视环境，用国际化手法讲述中国故事，才能实现影视文本内容的被接受和认可，进而传递和塑造中国形象。

二、坚持主流价值观，主推电视剧削减文化折扣

文化折扣问题指的是因为文化背景差异，国际市场中的文化产品不被其他地区受众认同或理解而导致其价值降低的问题。影视文化对外传播应致力于让文化背景不同、文化认知程度不同的异国受众接受中国影视作品，并能减小异国受众对中国历史、价值观、行为模式等理解的偏差，降低文化折扣。类型影视剧具有其特定收视群体，中国古代神话传说，如女娲补天、八仙过海及《西游记》等神怪小说，不仅符合本土受众的审美需要，其主人公在相遇相知中化解矛盾冲突最后携手拯救苍生升华主题的叙事模式，传达的善恶交织、邪不胜正的价值理念，也能够打动俄罗斯观众，得到共鸣。同时，影视剧叙事的跌宕起伏和包含的中华民族文化元素也备受青睐，俄罗斯视频网站上播放量最高的是中国古装剧和玄幻剧，其次是现实题材影视剧。《楚乔传》《花千骨》《三生三世十里桃花》等仙侠剧得到俄罗斯网民的热捧，在俄罗斯视频网站上，很多剧集的播放量随着字幕组的更新而日益上升，2017 年最火爆的是《楚乔传》，《琅琊榜》《甄嬛传》《倾世皇妃》《武媚娘传奇》等剧也备受喜爱。很多网民留言催更，表示被剧中富有仪式感和时代感的文化传统、精美服饰、建筑景观吸引。《楚乔传》的取景地浙江丽水缙云仙都风景优美，有仙堤绵延的朱潭山，有蜿蜒于山峦之间的九曲练江，有直插云天的鼎湖峰石柱，使观众在观看电视剧时有置身仙境之感。《楚乔传》讲述了西魏时期奴籍少女楚乔经历生死考验后成长为巾帼将军的故事。这部剧不仅沿袭了武侠电影的传奇化叙事传统，还植入了青春偶像谍战剧的叙事元素，与画面中的美丽景色一起，向观众传达了古典

意境美和现代进取精神。《楚乔传》之所以能够得到俄罗斯观众的喜欢，除了演员的精湛表演、剧情的环环相扣、服化道及取景的精致用心之外，更重要的是其所表达的价值内核，该剧通过讲述楚乔成长的故事，表现了楚乔的情感心路，传达了心怀善良、坚持正义、追求平等、呼唤和平的精神内核。《楚乔传》在创作阶段就充分考虑到文化的精准传播，将其受众定位为年轻人和网络用户，传播渠道包括国内的电视平台和网络平台，并配上外文翻译，在海外新媒体平台上积极进行海外传播，通过周播、网台联动等方式在俄罗斯、日本、美国掀起观看热潮。

中国古装剧在俄罗斯受众中具有较高关注度和认可度，这是突破文化壁垒、降低文化折扣的切入点。按照霍斯金斯等学者的观点，影视文化作品类型直接影响跨文化传播的文化折扣程度，中国影视剧对俄输出应以中国古装剧、功夫片和爱情偶像剧为主导，家庭伦理剧和纪录片为辅助，以便更好地拓展俄罗斯市场，塑造中国崭新形象。CGTN 的俄语频道所译配的中国电视剧以家庭伦理剧为主，而俄罗斯主流影视网站上播放量较高的中国影视剧则以古装武侠剧和爱情偶像剧为主，这反映了双方对影视作品传播和接受之间的巨大差异，这一差异应引起对于中国影视剧跨文化传播的反思——面向俄罗斯观众进行影视议题设置时，应以俄罗斯观众为核心，有的放矢地进行输出，否则再好的影视作品也会因为无人观赏而失去其功用，也就无法发挥展示中国形象的职能。从其他国家受众的观看偏好来看，古装剧一直是海外观众追捧的主要类型电视剧，这些古装剧也可以传递爱与勇气、责任与进取、守护与忠诚等中华传统优秀价值观，并被俄罗斯观众认可和接受。可见，主流价值观并不一定要通过带有浓厚宣传说教意味的影视剧进行传递，娱乐性强或情感鲜明的影视剧因为内容生动、形式灵活而更容易被俄罗斯观众接受,从而减少文化折扣的影响。

降低文化折扣还应逐渐改变俄罗斯受众对中国形象认知的思维定式,通过影视剧输出冲破刻板印象所生成的牢笼。改革开放以来,中国发生了翻天覆地的变化,但由于媒体及历史等多方面原因,很多俄罗斯受众对中国的认知还停留在几十年前。影视剧可以形象直观地通过营造新的“拟态环境”改变俄罗斯受众既有的刻板印象,生成新的文化场域与形象定位。电视剧相较于电影更便于全方位展示中国的政治、经济、文化、民生、教育、科技等方方面面,也更贴近中国百姓的生活,呈现中国城市与农村的崭新形象。通过提供更为真实的影视文本让俄罗斯观众感受中国传统及现代价值观,更利于中国影视文化的主体性传播,规避“他者”化建构,提升自身的文化软实力。

三、根植传统文化沃土,展现当代中国精神

通过影视合作促进中俄两国影视产业发展和影视文化交流,这一举措必须建立在真实展现民族文化传统、历史传统和民族心态的基础上。中国形象表达应根植传统文化沃土,在讲述中国故事的同时展现当代中国精神。

О. В. Шубаро 在«Искусство китайского кино»(2013)中对中国电影艺术进行了纵向分析,主要关注中国电影事业的发展境况及中国电影的特点,从书中可以看出,俄罗斯学者更看重中国电影的文化和经济属性,认为中国电影的兴起是从开设电影制片厂和电影院开始的,在成长初期大力发展以历史和武术为主题的有声电影。动画电影充分体现了中国传统特色,在其发展之初就

使用了剪纸、皮影戏等传统艺术，当前俄罗斯民众对中国的动画电影也持有浓厚兴趣。1989 年以后，电影开始和其他艺术形式竞争，张艺谋、田壮壮、陈凯歌等导演的出现让中国电影走上国际舞台，两岸三地合作更加密切，很多合拍片如《卧虎藏龙》(2000)、《赤壁》(2008—2009)取得成功。武术是让中国电影走向世界的关键主题，同时中国电影的情节设计也源于中国传统戏剧艺术，充满传奇色彩。中国电影文化具有独创性，崇尚自然之美，成龙、李连杰、甄子丹等武术电影明星以及张艺谋、王家卫等导演并不能代表中国电影全部。中国电影种类丰富，受众基础好，吸引了越来越多的国际导演和演员参与中国电影创作。在电影联合制作领域，中国特别注重保护民族文化特色，中国的古代传说、功夫元素、美食文化等得到更充分的展现。俄罗斯科学院联邦社会学研究中心 И. А. Андреев 在«Китайское кино: контуры “мягкой силы”»(2019)中分析认为，中国电影产业在政策的推动下更加注重国家形象的塑造，玄幻、推理、历史、社会生活等主题电影在塑造古代中国和现代中国形象方面发挥着特定功能。展现当代中国精神是中国影视作品的责任与义务，应进一步提升中国影视作品的传播力和影响力，在功夫、美食等维度外展现更为丰富的中国文化，在古装、武侠等主题外展现更具当代特色的中国生活。

文化自主性对于传播中国影视文化和塑造中国形象尤为重要，对俄传播的影视作品既要与俄罗斯观众的审美文化相融合，又要在文化交流碰撞中保持中华民族的文化特性，相关创作者们应自觉、自信、自主地创作影视作品，在保持各自文化主体性的前提下找到双方民族文化的契合点，使创作出来的影视作品能够增强民族身份认同感和他国对我国形象的认同感。

第二节　从文化冲突走向文化互渗，通过中俄合拍扩大形象表达空间

文化冲突是人类文明进程中的一种显性现象，不同民族、不同地域的文化经过长时间的历史沉淀和环境浸染，具有文化自主性和排他性。当本土文化遭遇外来文化时，两种文化之间会产生不同程度的冲突，甚至会出现文化解构，即在外来文化强有力的渗透下，本土文化逐渐失去自身特性而被同化。美国学者亨廷顿甚至直言：未来的冲突将由文化因素而不是经济或意识形态引起。在全球化语境下，跨文化传播受到越来越多的关注，中俄不同文化价值观之间的碰撞、沟通与交流必不可少。由于影视艺术文化具有独特性，在跨文化传播中必然要考虑到中俄受众的文化价值观之间的差异。通常情况下，当一部影视作品所蕴含的文化、语言、习俗等与受众的文化等相近时，这部影视作品更易引起受众的共鸣和认可；而当受众对于影视作品所反映的文化、价值观、信仰等不熟悉时，影视作品对于受众的吸引力就会大大减弱。文化冲突往往伴随着国家文化软实力的竞争，一个国家的文化软实力通常包括对内和对外两个方面：对内方面主要指国家的核心价值观、传统文化继承等对国民的影响力和凝聚力；对外方面主要指国家的意识形态和观念文化的亲和力以及文化产品的传播能力和辐射能力。影视产品是传播艺术思想观念的重要载体，能够以精神陶冶的方式实现国家文化价值观的传播，在潜移默化中影响受众的认知和行为。中国形象在影视剧中的呈现应以文化互渗为基础，淡化意识形态宣教色彩，形象化浸润式传播更有利于俄罗斯观众全面准确地认知和理解中国。

随着全球一体化的到来，文化互渗逐渐成为文化交融碰撞过程中更为普遍的一种现象。全球化意味着跨地域间的联系更加紧密，在同一个“地球村”中，“村民”之间的共生关系得到凸显，互动日渐频繁，彼此间的和谐共生更为重要。因此，文化互渗是在全球化发展过程中的必然产物，这是两种文化族群长期持续接触而逐渐发生的转变，但鲜少出现一种文化吞没另一种文化的结果，而更加注重在差异中共生。文化互渗也是弱势文化觉醒的产物，作为中国文化的重要载体，中国影视作品肩负着塑造中国形象和传播中国文化的责任，通过影视手段可以扩大全球传播的共通意义空间，更加形象地传播文化，发挥文化互渗的影响力。通过对俄罗斯相关网站的调研可以发现，中外合拍片因具有较强的传播力和影响力而更容易在激烈的影视竞争中突围，得到更多俄罗斯观众的关注，而中俄合拍片因为从创作阶段就充分考虑到两国文化的接近性以及规避文化隔阂问题，所以更利于发挥中国文化的自主性，扩大中国形象的表达空间。

一、中俄影视合拍片的文化互渗

百年以来，中俄两国相互借鉴、携手共进，看苏联电影曾是中国人文化生活领域的时尚，《列宁在 1918》《红莓花儿开》等作品对当时中国的影响几乎深入到生活的各个角落，苏联电影的拍摄手法影响了中国导演的电影创作观念。当前中俄影视合作的形式主要体现为三种，即提供影视取景地、邀请影视演员加盟、合作拍摄制作影视剧。合作形式的差异直接影响了影视作品文化互渗的程度和文化表现的侧重点，地标建筑、风土人情、民俗故事等都能够体现本民族文化的特质，并在影片中互相渗透。中外合拍电影具有悠久历史,已经是中国电影产业发展的重要组成部分,也是中国电影“走出去”战略中的关键的环节。中俄合拍影视剧起步较早,可以追溯到 1949—1950 年联合摄制的《中国人民的胜利》和《解放了的中国》。“一带一路”倡议推动了中俄两国在拍摄影视剧方面的深度合作,近几年合拍了《冰雪女王 3:火与冰》《战斗民族养成记》《中国游记:龙牌之谜》《陵水谣》等电影及《这里是中国》等纪录片,有助于两国文化在异域的传播。

在致力于“民心相通”的文化交融背景下,中俄合拍已经成为两国影视合作的主要形式,两国政府大力支持,为各商业主体开展影视合作搭建平台。尤小刚执导的《猎人笔记之谜》围绕屠格涅夫的《猎人笔记》的手稿的争夺而展开,讲述了中俄警方合作智破奇案的故事。《晴朗的天空》是由中俄合拍的一部抗日电视连续剧,主要讲述 1937 年苏联飞行员和工程师帮助中国军队抗击日本侵略者的故事。《列宁和他的中国卫士》由中国新疆中视紫禁城影业传媒有限公司和俄罗斯雅罗斯拉夫电影制片厂联合摄制,取材于真实历史,讲述“中国军团”的 7 位中国卫士为保卫列宁、保卫苏维埃政权与敌人进行的生死较量。北京中视雅韵文化传播中心、中国国际广播电台俄东中心俄语部和俄罗斯 RT 电视台联袂打造了纪录片《这里是中国》,第一季的 6 集作品已经完成,包括《国宝大熊猫》《雕工镌影》《深圳智造》《武当功夫》《国粹京剧》《活力重庆》。已经上映的电影《战火中的芭蕾》《中国游记:龙牌之谜》《战斗民族养成记》《陵水谣》《太空旅店》都是在中俄关系密切发展的背景下,以“一带一路”倡议、中俄建交 70 周年等为契机达成的合拍项目。

二、在文化互渗中展现中国形象

合拍影片是中国电影走向俄罗斯的有效途径。合拍影片在剧本创作阶段就能充分考虑合拍国文化及受众的观影心理，在文化全球化浪潮中有利于不同民族间的文化交流。中俄影视合拍片中的文化互渗可在剧情设计、拍摄场景、演员选择等方面综合双方的特色资源，通过语言习惯、民俗传统、地标建筑等文化元素进行文化渗透融合。

（一）基于民族或国家历史故事进行影视文化互渗

一个国家或民族的文化往往以各种显性元素呈现，其内核是文化精神。这种文化精神从历史中传承而来，也最能体现中俄两国的历史渊源和革命情谊。如《战火中的芭蕾》《晴朗的天空》《列宁和他的中国卫士》都是从两国历史中发掘共同记忆并将其改编为影视剧，体现了中苏两国在特殊时期建立起的深厚情谊，通过影视手段和戏剧手法将历史原型中的文化元素进行呈现，从而唤起两国受众的共鸣。2019 年，六集纪录片《中国的重生》在俄罗斯两大电视频道播出并汇编成影片，向俄罗斯民众展示了新中国成立前夕、20 世纪四五十年代的老北京、旧时的上海、解放战争、新旧交替与走进新时代六个不同阶段的中国面貌。

（二）基于民俗民情进行影视文化互渗

有人类学家认为，民间故事和传说一般具有一个重要的寓意，表明哪些价值观念值得赞赏，哪些应该受到谴责。神话传说蕴藏的价值观念往往能够体现文化差异，但也恰是了解异域文化的一个突破口。

民俗往往具有独特性、流传性和区域性，又呈现约定俗成的程式化特点。民俗按照其所归属的生活形态进行划分，主要可以分为以下三大类：物质生活民俗，包括生产民俗（农业、渔业、采掘、捕猎、养殖等物质资料的初级生产方面）、商业民俗（手工业、服务业和商贸诸业等物质资料的加工服务方面）；社会生活民俗，包括社会组织民俗（家族、村落、社区、社团等组织方面）、岁时节日民俗（节气与活动所代表的时间框架）、人生礼俗（诞生、生日、成年、婚姻、丧葬等人生历程方面）；精神生活民俗，包括游艺民俗（游戏、竞技、社火等娱乐方面）、民俗观念（诸神崇拜、传说、故事、谚语等所代表的民间精神世界）。这些民俗事象可以在影视的光影世界中得到展现。

不同的民俗文化体现了不同主体的文化意识，同时又是不同社会生活观的表征。民俗伴随着人类的发展一直传承至今，分布于人类生活的方方面面，是古老的物质文明与精神文明、实用与审美的当代表现，具有很强的渗透性。而影视作为人类科技发展的产物，以包容纳新的姿态融合了多种文化形态，具有很强的兼容性。渗透性和兼容性恰恰为民俗与影视这两者的结合提供了一条纽带。单纯的民俗展现并不是合拍片吸引受众的卖点，让民俗成为故事的合理组成部分，才能使民俗在影视文化跨域传播中发挥承载文化精神的价值。在俄罗斯民众眼中，中国的文化元素往往是熊猫、功夫、长城、故宫、京剧、茶叶、丝绸等，纪录片《这里是中国》也重点推介了国宝熊猫、武当功夫和国粹京剧。电影《囧妈》展现了中国节庆民俗和俄罗斯传统音乐，不仅融入了民俗风光等丰富的俄罗斯经典元素，还有很多俄罗斯演员出演，中俄演员在语言沟通和故事阐释方面可以进行较为默契的合作，在情感层面实现电影镜头中的相通，影片还利用了音乐元素打造中俄民众的情感共鸣盛宴，通过两代人的情感沟通这一共通的主题获得了两国受众的赞誉，同时加深了中俄友谊。

《战斗民族养成记》展示了俄罗斯人民的捕猎习俗，剧情中上海女婿和俄罗斯岳父间的冲突实质上体现了中俄两国文化的差异，影片还加入了《喀秋莎》等中俄两国民众熟悉的音乐。《中国游记：龙牌之谜》也不例外地展现了中国功夫龙拳、中国茶叶和服饰文化，茶叶和功夫还成为贯穿影片情节的关键元素，影片以清代为背景，以古老的东方传说为故事线索，以茶叶文化为建构基础，结合中国神话传说中的人物角色。影片中茶叶是当地百姓的救命粮食，而龙王守护着茶农。公主成兰凭借龙牌和众人的帮助，与邪恶势力不断斗争，最终战胜了邪恶，解救了龙王，演绎了超越国界追求良善的故事。影片将民俗文化与影视语言有效结合在一起，向中俄民众展示了悠远而又富有内涵的异域传统民俗文化。

（三）基于建筑景观进行影视文化互渗

中俄两国的建筑景观和地理风貌非常适合影视语言的奇观化表达，因而成为中俄合拍较为看重的部分。在俄罗斯取景拍摄，由何可可、布鲁鲁夫、何一禾、徐峥共同编剧的《囧妈》（另一译名为《俄囧》）讲述了一对中国母子在去往俄罗斯的路上及到达俄罗斯后发生的温暖故事。影片呈现的故事中有北京开往俄罗斯的 K3 列车，被誉为“中华第一车”的 K3 列车见证了中俄两国人民的亲密交流。取景的伊尔库茨克、贝加尔湖、莫斯科、圣彼得堡、萨拉托夫等地呈现了俄罗斯的建筑风貌和人文奇景。《战斗民族养成记》为俄罗斯受众展现了上海外滩、东方明珠塔、弄堂小吃街、长城等中国典型建筑景观，而俄罗斯的广袤森林和经常有熊出没的雪原，以及皑皑白雪和烈性伏特加，也给中国受众留下了深刻印象。《中国游记：龙牌之谜》中，白魔法师的女儿成兰、英国绘图师格林和俄国沙皇彼得一世为了拿到龙牌而战胜邪恶的女巫，守护一方平安。影片中，从英国伦敦塔这一地标建筑开始，英国庄园、俄罗斯宫殿、中国杭州茶山依次铺陈开来，陆路与水路两条连通东西方的通道都在影片中得到展示，带领观众在银幕前完成了一次震撼视听的景观旅程。《这里是中国》中的《活力重庆》及电影《陵水谣》等直接展示了中国的城市景观和人文风情。2019 年，海南省三亚市旅游和文化广电体育局联合凤凰卫视俄罗斯新闻中心合力拍摄制作了旅游宣传纪录片《俄罗斯人在三亚》，用独特的视角和风格，向俄语地区的观众展现三亚旅游资源，提升三亚作为国际旅游目的地的品牌形象。

一座城就是一个场域，在历史积淀中培育了具有鲜明特质的地域文化，中国人注重寻根和扎根，城市在影视剧中不仅是故事发生的地点，还蕴含着强大的情感力量和鲜明的文化印记。电视剧《奋斗》展现了北京的地域文化特色，也呈现了人们在北京这座大都市中奋进、迷茫和不断反思的城市生活。电影《岁月神偷》则为香港社会底层人物的生存空间赋予更温情的诠释，生存空间的窘迫没有切断亲情血脉，当台风来临要吹垮唯一的栖居之所时，全家人团结一心、守望相助，保住了家，展现了坚韧自强和爱护家园的香港精神。城市作为场域，是具有建构作用的叙事元素，让各种人物穿梭其中，各种故事衍生发展，影响着人们观照现实和理解世界的思维方式，地方是意义和社会建构的首要因素，它是体现出人类主体性的人文化了的空间，是人类意义与社会关系的根底。因此在影像叙事中，应将城市景观视作具有文化意义的空间，无论是质朴的小城还是繁华的都市，它们都承载着人物的生存底色和梦想之光，通过城市看人文，是中俄合拍片可以充分运用的策略。

三、通过中俄合拍促进中国形象浸润式传播

中俄合拍是文化全球化背景下推进影视深度合作的有效路径，在投资、拍摄、制作、演员等各个层面进行跨国合作，可以让本国文化尽量避免来自“他者”的想象性塑造和表达，拥有更多的形象呈现自主权。因中俄双方制作团队共同参与影视作品的拍摄，所以双方可以在内容层面进行充分打磨，将两国文化和受众特点纳入影视创作中进行考量，最大限度地发挥文化自主性。影视作品能在传播与接受的过程中站好位、把好关、守住业，靠的不仅是战略，更需要内生的文化自觉。多种题材的影视作品都可以践行文化自觉，塑造好中俄两国形象。目前，中俄合拍主要涉及的领域包括以下三种。一是家庭情感与爱情故事的主题表达。《战斗民族养成记》是在“一带一路”倡议下中俄两国电影合拍项目之一的产物。该电影根据俄罗斯 CTC 电视台同名电视剧改编，该电视剧在豆瓣的评分高达 9.1 分，可以说是近几年在中国最具知名度的俄罗斯影视作品之一，已经有坚实的观众基础。电影《战斗民族养成记》以家庭情感话题为切入点，使两国观众都有一定认同感和代入感。该片在和睦的家庭话题中融入不同民族文化由冲突走向和解的过程。影片开头集中展示了中国和俄罗斯的自然和人文风光，例如中国传统街巷及长城等名胜古迹、冰雪王国俄罗斯的冬日美景等，满足了观众对异域风情的期待。另一部合拍片《陵水谣》讲述了一对年轻人悲欢离合的爱情故事，赞美了人世

间最真挚的情感，讴歌了新的国际形势下中俄两国人民的深厚友谊，对夯实中俄两国友好的民意基础具有现实意义和历史意义。二是革命情怀与人文精神的主题表达。中俄合拍片《钢铁是怎样炼成的》对年轻的布尔什维克战士保尔·柯察金的人物形象塑造体现了主人公不屈不挠的坚强奋斗精神，同时歌颂了年轻一代的苏联青年人的精神风貌，具有浓郁的革命情怀和家国情怀。中俄联合摄制的影片《列宁和他的中国卫士》以俄国十月革命为历史背景，讲述了中国士兵为保卫列宁、保卫苏维埃政权而与敌人进行生死较量的故事，体现了中国军团为无产阶级革命奋斗的责任与使命。三是民族神话传说的主题表达。中俄联合出品的动画电影《冰雪女王 3：火与冰》中，无论是主人公通过传说中古老的丝绸之路从西方漫游到中国的奇幻之旅，还是跨越种族的具有俄罗斯风格的浪漫爱情故事“人龙之恋”，这些故事素材都来源于古代神话或传说，并经过一定改编和加工，融入了中国元素。《他是龙》里面的皮影、风筝、埙等中国传统文化元素都成为电影情节的重要组成部分，也是打造奇幻视听效果的主要手段。

2017 年，中国、俄罗斯、印度、巴西、南非五个“金砖国家”共同拍摄了剧情片《时间去哪儿了》，该剧情片包括巴西导演沃尔特·塞勒斯的《颤抖的大地》、俄罗斯导演阿历斯基·费朵奇科的短片《呼吸》、中国导演贾樟柯的《逢春》、印度导演马德哈尔·班达卡的《孟买迷雾》、南非导演贾梅尔·奎比卡的《重生》。来自不同国家的五位导演结合各自文化背景和个人理解讲述了关于时间和情感的故事。巴西导演沃尔特·塞勒斯根据真实灾难事件拍摄了《颤抖的大地》，用镜头记录了灾难面前人们的苦难和心灵疗伤，时间会揭示一切。俄罗斯导演阿历斯基·费朵奇科的短片《呼吸》充满了俄罗斯元素，将时间与生命联结，片中刻画了一个在家庭中饱受折磨的女人，她的身心满是创伤，从影片开始就让观众心焦，她被丈夫拿着锤子追赶，当丈夫倒地时她又不遗余力地给予救助，这样一个矛盾的女性更让观众心疼。她自制氧气罩让丈夫能够呼吸生存，丈夫一直厌恶的手风琴用来为他制造氧气延续呼吸，成为丈夫的救命稻草。"我还能活多长时间？""从现在起，我就是你的时间。"这个女人历经苦痛却呈现了俄罗斯式的价值观与思考——"时光犹如水，爱情似波涛，既能载舟，亦能覆舟"，这与中国的"水能载舟，亦能覆舟"贴近。中国导演贾樟柯的《逢春》涵盖了中国京剧、清代服饰和中国武术等文化元素。短片从老建筑里的演艺旅游开始，一群身着清代服饰的女演员谈着家庭生活和二胎计划，"时间都是相对的"坚定了饰演太后和将军的夫妻的"再生个孩子"的想法，在中国坚持计划生育基本国策和实施全面二孩政策的大背景下，短片表达了"东隅已逝，桑榆非晚"的时间理念，寄语观众珍惜时光为时不晚。由于合拍涵盖了各国的文化接近性元素，因而可以吸引更多受众在观看过程中产生对比式思考，帮助受众理解中国故事及其所承载的价值观念。

《卧虎藏龙》是受俄罗斯观众认可和盛赞的武侠动作片，吸引观众的不仅是中国功夫，更有李慕白所代表的儒家文化的侠义精神以及玉娇龙敢爱敢恨、桀骜不驯的叛逆精神。东方文化的含蓄严谨与西方文化的自由洒脱在影片中巧妙地融合，更能够获得观众的认可。李慕白对于武术修为的阐释为"勿助、勿长，不应、不辩，无知、无欲，舍己从人，才能我顺人背"，这与老子所言"夫唯不争，故天下莫能与之争"有异曲同工之妙，但是俄罗斯观众无法领悟这一中国传统文化的精髓，反而对李慕白以竹子的柔韧打败玉娇龙的场景印象深刻，从而形成"以柔克刚"的认知。同样，在影片《孔子》中，孔子师徒在七日无粮、食不果腹的情况下，还坚持学习《诗》和《礼》,在中国语境下,观众会赞美孔子师徒的人穷志不穷,然而,要让俄罗斯观众理解这一内涵,则还需要进行长期多维度的文化浸润。

第三节　通过议题设置和开发中国影视文创产品,进行受众认知培养

针对俄罗斯影视界和受众对中国形象的认知受到刻板印象影响这一问题,中国形象的影视传播应与媒体传播共同进行影视议题设置,主动通过议题设置塑造客观积极的中国形象信息环境,通过信息拟态环境的长期影响,逐渐改变受众固化的简单化的认知。同时结合影视作品中的中国形象IP开发,扩大俄罗斯受众对中国文化及生活的认知范围,在中餐、中医、功夫的基础上提升中国影视、中国科技、中国文旅等方面的认知度,塑造一个开放、多元、进取的中国形象。

在议题设置层面,应着重扩大中国影视作品的传播。在传统院线和网站、社交媒体平台等进行作品投放,与俄罗斯媒体及影视界进行多方面的深入合作,在影视作品数量和覆盖面方面,为俄罗斯受众提供更多更便捷的接触中国影视作品的环境。在此基础上,选取俄罗斯观众喜好的中国古装剧及爱情偶像剧进行适度推广,同时着重扩大中国纪录片在俄罗斯传统媒体的播放,大力展现中国经济、文化及历史的真实多元形象,还应通过家庭伦理剧等现实题材的影视作品的传播让俄罗斯观众了解中国当代生活图景。影视传播不仅着眼于影视作品的内容本身,影视人物及影视作品的发展动态也是进行议题设置的切入点,应利用各种

媒体渠道加大对中国影视作品在俄罗斯传播的报道力度，为影视作品传播进行造势和议题引导，从而扩大中国影视作品在俄罗斯的影响范围，提升传播力，为中国形象表达提供更广阔的空间。

媒体议题设置是培养受众认知的重要方式，有助于淡化文化差异，促进文化融合互渗。中国影视剧在俄罗斯的传播，既要依赖于俄罗斯的本土媒体和发行机构，也要打造中国自身的网络传播平台，尤其要利用新媒体进行前期宣传和议题引导。中俄合拍的《中国游记：龙牌之谜》能够在俄罗斯获得较好的票房成绩与前期俄罗斯媒体的宣传、成龙和施瓦辛格的号召力有着密切关联，媒体的报道会直接影响受众对影视作品的关注程度。做好议题设置也可以降低文化差异产生的文化折扣，有利于俄罗斯观众认知中国影视作品中的中国形象。同时，在俄罗斯建立中国影人信息发布平台、影视作品官宣社交媒体账号等，也是进行议题设置的有效手段。

具有中国特色的影视 IP 可以避免中国影视制作的好莱坞式倾斜，挖掘本民族具有代表性的文化 IP 进行深加工并通过影像予以呈现，可以提升中国影视文化的核心竞争力，帮助俄罗斯受众对中国文化形成独特认知。中国影视创作者应深耕影视内容，挖掘具有时代特征和体现中国文化特色的主题进行影视表达，将中国特色社会主义制度的先进性、优越性通过形象化、生活化的场景进行生动展现，将中国的科技新发展融入影视内容当中，将中国人的精神生活和价值追求通过情节和故事予以反映。比如在俄罗斯受众对中国“新四大发明”即高铁、移动支付、共享单车和网购的认知基础上，影视创作中可以通过讲述与“新四大发明”有关的小人物的命运故事来强化这一认知，突出中国社会生活的发展动态，同时折射出中国当代民族精神和国家形象。

周边产品开发可基于中国优秀传统文化资源及当代生活典型形象，如古典名著、神话传说、当代英雄事迹等，进行文创产品设计。影视文创产品通常以影视作品内核及人物为依据进行开发，具有独特的文化内涵，可以体现中国特色。例如孔子像、汉服玩偶、羽毛扇、京剧脸谱等，这些产品与剧情结合紧密，又具有收藏、娱乐或纪念价值，能够呈现和延伸中国影视文化意蕴。目前，中国影视文创产品开发还不成熟，在俄罗斯缺少与影视作品配套的文化周边产品开发的环节，针对这一不足，中国影视发行方可以和俄罗斯相关企业进行合作，共同开发和推广影视文创产品，将具有中国特色和影视内涵的文创产品打造成促进中俄两国文化交融的媒介，赋予其更丰富的呈现方式，使其成为中国形象影视表达的有益补充。也可以与俄罗斯高校合作举办以影视作品为主题的文创产品设计大赛，或中国影视人物动漫化等活动，在俄罗斯学生群体中开展文创活动，传播中国影视文化，提升中国影视文化衍生品的辨识度，有利于俄罗斯社会未来的中坚力量对中国形象形成良好认知。开发影视文创产品应从中俄双向传播和受众需求出发，学者兰德尔·柯林斯曾提出“互动仪式观”，认为参与者在仪式活动中因为相互关注和情感互动，形成身份认同感并产生集体体验。（兰德尔·柯林斯，2009）影视文创产品具有仪式感，是影视剧与受众互动的延伸，能够引发受众对影视人物的评价和情感投入，表达受众对影视作品的认可。波德里亚在《消费社会》（2000）中也明确提出，消费行为在当代社会具有更多的符号学意义，消费行为并非是对物的消费，而是一种符号的消费，符号消费的本质是处于不同社会地位的人形成的对不同社会身份的构建。中国影视文创产品在俄罗斯受众群体中的传播，能够激发受众的符号化消费，构建粉丝与偶像间的意义互动，培养对中国影视人物认可的俄罗斯受众群体。服装、文具、建筑、模型、饰品等都可以作为影视文创产品开发的内容，尤其是影视明星周边产品，包括海报、玩具、饰品、生活用品等，更容易引起相关受众的兴趣。同时可以打造中国影视文创产品线上经营及线下实体店，以便为粉丝提供多种周边产品。

第四节　提供保障机制，加强影视传播渠道建设

影视作品不仅是一种文化形式，也是文化传播的载体，具有跨文化、跨时空传播属性，在反映社会现实、塑造国家形象、增进不同国家民众间的深入了解等方面有重要作用。影视作品中的“中国形象”表达不是孤立的，影视传播的保障机制和外部环境也很重要，“一带一路”倡议提出后，中俄双方都更加注重影视文化的输出与合作，但总体上的宣传力度不大，影视文化传播的广度和深度都亟待加强，中国影视作品对俄传播需要良好的传播环境和丰富的渠道资源。

在政策层面，应进一步完善和规范影视输出管理机制，推动影视制作机构与影视发行推广机构的功能分离，助力影视制作机构与俄罗斯发行机构建立常态化联系，搭建更广阔的合作平台，为中国影视作品输出提供更有针对性的高效传播方案。同时，在以政府为主导的中俄影视合作的基础上，应加强两国社会各行业的影视交流与合作，充分利用社会资本开拓俄罗斯的影视市场。可以建立中国影视传播效果反馈机制，充分调研观众的观影行为，统计相关数据和媒体评价信息，并进行科学分析，从而为中国

影视作品对俄输出提供策略参考。

在人才层面，电影的跨文化传播需建立在共通的意义空间的基础上，因此需要克服“字幕翻译”等困难，在电影传播实践中推动中俄文化交流。在既有“中国影视剧对象国本土化语言译配”等项目的基础上，建立固定的译配机制，加强俄语译配人才队伍建设。根据中国形象表达及俄罗斯受众的需求，综合选择适宜输出的影视作品并进行译配，译配时应在充分认知文化差异的基础上，对译配内容进行合理化调整，突出中国形象主体性的同时契合俄罗斯文化审美。很多中国影视作品在俄罗斯传播时的译配是英文版的，语言之间的转换限制了俄罗斯受众对影视内容的理解，且很多译配工作是由俄罗斯字幕组完成的，对中国语言文化精髓可能存在误读。应建构中国影视作品对俄传播的翻译话语权，可培养本国多语种影视译制人才，壮大俄语字幕翻译队伍，同时建立完善的译制工作保障体系，让俄罗斯观众能够更加直观地理解中国影视作品的文化内涵。

在渠道层面，中俄影视作品在传播过程中应运用更加契合受众喜好的传播手段，充分发挥新媒体的作用。应加强新媒体传播渠道建设，拓宽青年受众和俄罗斯网民的接触面。俄罗斯卫星通讯社 2019 年 10 月报道称，俄罗斯民意调查机构“全俄社会舆论研究中心”网站上公布的民调结果显示，25 岁到 44 岁的俄罗斯人中，只有 7% 的人不使用网络，而 18 岁到 24 岁的俄罗斯青年人中没有不上网的。中国影视作品的对俄传播应充分利用互联网和移动终端如手机等，从而覆盖庞大的俄罗斯受众群体。随着中国影视作品在俄罗斯的传播力和影响力的提升，这种移动终端的传播路径在中国影视作品对俄传播中发挥越来越重要的作用。同时，中国影视机构需要与更多的俄罗斯主流媒体平台及院线资源把控方建立合作关系，为播映中国影视作品创造有利条件。虽然自 2013 年开始，国家广播电视总局与俄罗斯联邦文化部联合主办了多次俄罗斯电影节，为推动俄罗斯电影文化的中国传播搭建了平台，加强了俄罗斯电影的跨文化交流与传播，但是中国观众对俄罗斯电影的知晓度还不够。应加强电影节展播影片的预告片投放，增加对中俄双方电影的宣传资讯传播。同时，专业电影网站和影院推送的力度还应加强，辅以传统媒体如电视、杂志等方式的宣传推广，形成多种传播方式共同发力的整合式传播。应加强影视产业链的整合营销，利用多元化广告植入、影视版权及品牌赞助、周边衍生产品开发等方式发挥影视产业的商业价值，提升中国影视的影响力。

结　语

全球化意味着现代人的全球共生及互动性体验，中俄文化的地域性关联形成此时此地与彼时彼地之间的多元互渗关系。影视作品是双方克服文化障碍，实现文化共生、民心相通的载体，中俄影视合作高度契合了“一带一路”倡议合作共赢、民心相通的理念。在全球化浪潮中，中俄影视合作应淡化文化差异造成的冲突，寻求双方文化融合与互动体验的文化互渗。著名俄罗斯导演季莫尔·贝克曼贝托夫谈及中俄影视合作时也特别强调本土化和文化融入，只有找到人性的共通点，讲述人们都能够理解的东西，才能做到真正的沟通。进一步推动中俄联合制作影片，同时加强影视文化跨域传播的人才培养，通过降低影视作品理解难度、契合彼此受众审美需求、借助网络社交媒体等平台设置影视议题，可以有效提升中国影视作品的对俄传播效果，从而让更多俄罗斯受众了解和认可中国影视作品中蕴含的中国形象。

中俄影视合作渐入佳境，为中国形象的塑造与传播提供了更为广阔的平台。中国形象的影视表达受影视创作、影视传播、影视接受、影视环境等多方面的综合影响。对中国影视对俄传播现状进行调研后可以发现，网络社交媒体等新媒体平台是中国影视作品传播的主要渠道，《琅琊榜》《择天记》《叶问》《英雄》等一系列中国影视作品在相关网站及字幕组的共同努力下，得以在俄罗斯传播，承载了传递中国形象的重任。影视作品作为传播中国文化、塑造中国形象的媒介，唯有在“被知晓”的基础上“被理解”和“被接受”才能更好地实现自身价值，中国古装剧和爱情偶像剧在新媒体平台的突围对于表达中国形象具有重要意义，应以此为契机创作相关的优质作品，进行类型化推介和传播，让更多的中国影视作品在俄罗斯新媒体平台上大放异彩。

“一带一路”倡议是开展中俄影视深度合作和塑造并传播中国形象的助推器。讲好中国故事，传播好中国声音，影视作品应将“中国梦”与中国人民的美好生活展现给俄罗斯观众，让命运共同体意识在俄罗斯扎根、发芽、成长。中国影视应坚持民族文化主体立场，积极融入跨域传播所面对的受众所属文化背景，走“和而不同”的创作道路，实现中俄影视文化的良性互动。长期以来，“他者”视域建构的“中国形象”不能全面准确地反映中国当代精神，中国影视界应当主动出击，在弘扬中华民族优秀传统文化和展现当代中国美好形象的同时，创新主流价值观的影视表现形式，在跨文化传播中承担塑造和传递好“中国形象”的重任，以全球化视野和开放姿态实现中俄影视文化的合作共赢。

参考文献

[1]Андреев Иван Андреевич. Китайское кино: контуры “мягкой силы”[J]. Поиск: Политика. Обществоведение. Искусство. Социология. Культура. 2019, 1(72): 101－109.

[2]Исследование: жители Дальнего Востока больше всего обеспокоены коронавирусом[EB/CL]. https://www.vesti.ru/article/1294915.

[3]Лавров Сергей. Прокат российского кино в Китае[EB/OL]. (2015－06－01). http://www.kinote.info/articles/15552－prokat－rossiyskogo－kino－v－kitae.

[4]Помощь от Китая в борьбе с COVID－19 получили 89 стран[EB/OL]. (2020－03－26). https://ria.ru/20200326/1569194736.html.

[5]Смирнов И С. О «китайских церемониях», культе предков и старости в Китае[J]. Отечественные записки, 2005, 3(24): С. 287－300.

[6]Шубаро О В. Искусство китайского кино[C]// Китайская цивилизация в диалоге культур: Пути Поднебесной. Сборник научных трудов. Выпуск Ⅲ. В 2 ч. Ч. 1. Минск: РИВШ, 2013.

[7]HOSKINS C, MIRUS R. Reasons for the US Dominance of the International Trade in Television Programmes[J]. Media, Culture and Society, 1988, 10(4): 499-504.

[8]MERTON R K, SZTOMPKA P. On Social Structure and Science[M]. Chicago: The University of Chicago Press, 1996.

[9]O. A. Bakulin,沈昕. 俄罗斯大众传媒上的中国形象——以北京奥运会报道为例[J]. 国际新闻界,2008(11):19-24.

[10]MILLA E. 俄罗斯主流新闻网站“TASS. RU”中的中国形象研究(2012-2017)[D]. 保定:河北大学,2019.

[11]爱德华·霍尔. 无声的语言[M]. 何道宽,译. 北京:北京大学出版社,2010.

[12]艾瑞克·克莱默,刘杨. 全球化语境下的跨文化传播[M]. 北京:清华大学出版社,2015.

[13]鲍德韦尔,卡罗尔. 后理论:重建电影研究[M]. 麦永雄,等译. 北京:中国社会科学出版社,2000.

[14]本雅明. 摄影小史、机械复制时代的艺术作品[M]. 王才勇,译. 南京:江苏人民出版社,2006.

[15]波德里亚. 消费社会[M]. 刘成富,全志钢,译. 南京:南京大学出版社,2000.

[16]波德维尔,汤普森. 电影艺术——形式与风格:第5版[M]. 彭吉象,等译. 北京:北京大学出版社,2003.

[17]波兹曼. 娱乐至死[M]. 章艳,译. 桂林:广西师范大学出版社,2004.

[18]布尔迪厄. 区分:判断力的社会批判[M]. 刘晖,译. 北京:商务印书馆,2015.

[19]布拉德福德·J. 霍尔. 跨越文化障碍——交流的挑战[M].

麻争旗，赵靳秋，张开，等译. 北京：北京广播学院出版社，2003.

[20]曹葆华，等译. 苏联文学艺术问题[M]. 北京：人民文学出版社，1953.

[21]曹慧. "一带一路"格局下影视文化传播影响探究[J]. 今传媒，2018(11)：140－142.

[22]陈林侠. 中国类型电影的知识结构及其跨文化比较[M]. 广州：暨南大学出版社，2010.

[23]陈卫星. 跨文化传播的全球化背景[J]. 国际新闻界，2001(2)：11－14，18.

[24]陈犀禾，聂伟. 当代华语电影的文化、美学与工业[M]. 桂林：广西师范大学出版社，2011.

[25]陈晓伟. 融画入影：民族审美意识的会通与转换[M]. 北京：中国传媒大学出版社，2008.

[26]陈晓伟. 中国电影影像表达与跨文化传播[M]. 北京：社会科学文献出版社，2018.

[27]陈旭光. 当代中国影视文化研究[M]. 北京：北京大学出版社，2004.

[28]陈旭光. 试论中俄电影文化的几次"交集"——兼及对中俄电影未来发展空间的思考[J]. 创作与评论，2015(20)：83－89.

[29]陈一. 纪录片与国家形象传播[M]. 北京：中国人民大学出版社，2019.

[30]程季华. 中国电影发展史(第一卷)[M]. 2版. 北京：中国电影出版社，1980.

[31]崔岱远. 吃货辞典[M]. 北京：商务印书馆，2014.

[32]崔婷. 全球化与当代中国跨文化交流[M]. 济南：山东大学出

版社,2009.

[33]大卫·波德威尔.香港电影的秘密——娱乐的艺术[M].何慧玲,译.海口:海南出版社,2003.

[34]邓光辉.意识形态与乌托邦:当代影视文化研究的理论与方法[M].北京:文化艺术出版社,2005.

[35]丁亚平.百年中国电影理论文选:1897—2001[M].北京:文化艺术出版社,2003.

[36]丁亚平.大电影的拓展:中国电影海外市场竞争策略分析[M].北京:文化艺术出版社,2014.

[37]丁亚平.全球化与大电影:中国电影海外市场竞争策略可行性研究3[M].北京:文化艺术出版社,2016.

[38]段鹏.国家形象建构中的传播策略[M].北京:中国传媒大学出版社,2007.

[39]范志忠,吴鑫丰.国际传播语境下的中国电影[M].杭州:浙江大学出版社,2012.

[40]范志忠,熊颖俐,徐辉.国家形象的影像建构与传播[M].杭州:浙江大学出版社,2013.

[41]费孝通.乡土中国[M].北京:北京出版社,2004.

[42]冯雪龙.跨文化传播视角下的字幕组研究[J].新闻研究导刊,2017,8(4):66-67.

[43]传.苏联举行第三届中国电影展览周[J].世界电影,1956(11):97-98.

[44]盖琪.全球化时代的影视形象传播[M].北京:中国广播电视出版社,2012.

[45]耿波.“创世电影”与中国传统文化的影像表达[J].现代传播(中国传媒大学学报),2019,41(5):104-109,116.

[46]龚逸琳. 21世纪中国电影的国家形象跨文化传播研究[J]. 今传媒(学术版),2019,27(5):109-110.

[47]关世杰. 跨文化交流学:提高涉外交流能力的学问[M]. 北京:北京大学出版社,1995.

[48]关世杰. 国际传播学[M]. 北京:北京大学出版社,2004.

[49]关世杰. 跨文化传播理论在对外传播中的应用价值:以龙在我国与dragon在英国的文化差异为例[M]//姜加林. 构建现代国际传播体系:"全国第一届对外传播理论研讨会"论文集. 北京:外文出版社,2011:133-153.

[50]国务院. 关于实施中华优秀传统文化传承发展工程的意见. 2017.

[51]郭书君. 以消费者影视文化需求视角探索其对中华家风文化的传播价值——以纪录片《记住乡愁》为例[J]. 公关世界,2021(2):47-48.

[52]国家广播电视总局国际合作司. 中俄媒体传佳话:"中俄媒体交流年"背后的故事[M]. 北京:中国广播影视出版社,2019.

[53]辜鸿铭. 中国人的精神[M]. 黄兴涛,宋小庆,译. 海口:海南出版社,1996.

[54]贺彩虹. 山东民俗与鲁剧创新[J]. 山东师范大学学报(社会科学版),2022,66(1):122-132.

[55]贺卫华. 跨文化传播视域下的中国电影"走出去"路径研究——以印度电影国际化为借鉴的分析[J]. 新闻与传播评论,2018,71(5):121-128.

[56]亨廷顿. 文明的冲突与世界秩序的重建[M]. 北京:新华出版社,1998.

[57]洪宏. 苏联影响与中国"十七年"电影[M]. 北京:中国电影出

版社,2008.
[58]胡和平,肖丽君.影视与社会主义核心价值[M].北京:中国广播电视出版社,2013.
[59]胡凯.中国电影在中亚的跨文化传播研究[D].西安:陕西师范大学,2018.
[60]胡朝凯.“一带一路”倡议下中国电影东南亚传播现状与策略分析[J].传播力研究,2019,3(21):61,63.
[61]胡正荣,李继东,姬德强.中国国际传播发展报告(2014)[M].北京:社会科学文献出版社,2014.
[62]胡智锋,杨宾.传播力:中国影视文化软实力提升的重要保障[J].清华大学学报(哲学社会科学版),2018,33(3):140-147.
[63]黄会林,李雅琪,马琛,等.中国电影在周边国家的传播现状与文化形象构建——2016年度中国电影国际传播调研报告[J].现代传播,2017,39(1):19-29.
[64]霍尔.表征[M].徐亮,陆兴华,译.北京:商务印书馆,2013.
[65]贾磊磊.中国武侠电影史[M].北京:文化艺术出版社,2005.
[66]姜波.中国电影对外传播路径探析与反思[J].东南传播,2016(7):31-33.
[67]焦悦梅.中国影视在俄罗斯的传播及建议[J].传媒,2019(7):49-51.
[68]金丹元.影像审美与文化阐释[M].上海:复旦大学出版社,2010.
[69]金丹元,周旭.从文化的主体性走向文化间性——对当下中外合拍片的一种文化反思[J].当代电影,2015(1):117-121.

[70]金丹元,周旭. 直面全球化语境下中国电影产业的新窘境——对中国电影海外传播策略的再思考[J]. 上海大学学报(社会科学版),2016,33(2):27-39.

[71]卡努杜. 第七艺术宣言. 1911.

[72]克劳斯·弗尔克尔. 布莱希特传[M]. 李健鸣,译. 北京:中国戏剧出版社,1986.

[73]兰德尔·柯林斯. 互动仪式链[M]. 林聚任,王鹏,宋丽君,译. 北京:商务印书馆,2009.

[74]里昂·汉特. 功夫偶像:从李小龙到《卧虎藏龙》[M]. 余琼,译. 北京:北京大学出版社,2010.

[75]理查德·D. 刘易斯. 文化的冲突与共融[M]. 关世杰,主译. 北京:新华出版社,2002.

[76]李璁. 新时代对俄传播与国家形象塑造——以 CGTN 俄语频道为例[J]. 对外传播,2020(9):36-38.

[77]李国顺."十七年"期间苏联电影的引进译制及影响[J]. 电影评介,2010(18):8-9.

[78]李娟. 国家文化形象的影像话语建构与传播[J]. 郑州大学学报(哲社版),2012,45(5):168-172.

[79]李可宝. 俄罗斯媒体中的中国形象变化研究[J]. 北方论丛,2019(3):89-96.

[80]李兰英. 国际传播视角下中国影视产品走出去策略研究——评《新兴媒体背景下中国影视产品走出去研究》[J]. 中国广播电视学刊,2020(12):127.

[81]李普曼. 公共舆论[M]. 阎克文,江红,译. 上海:上海人民出版社,2002.

[82]李少白. 中国电影史[M]. 北京:高等教育出版社,2006.

[83]李玮. 俄罗斯人眼中的中国形象[M]. 北京:北京大学出版社,2016.

[84]李炜. 孔子学院中国影视文化传播现状及对策[J]. 华中师范大学学报(人文社会科学版),2019,58(3):76-84.

[85]李湘艳. 当代中俄电影合作研究[J]. 理论观察,2014(7):125-126.

[86]李晓东. 全球化与文化整合[M]. 长沙:湖南人民出版社,2003.

[87]李小丽. 浮华影像的背后——华语大片的生存策略[M]. 北京:中国传媒大学出版社,2009.

[88]李晓灵,王晓梅. 建构和想象:中国电影中的国家形象之研究[M]. 北京:中国社会科学出版社,2016.

[89]李亦中. 电影初心[M]. 上海:上海人民出版社,2017.

[90]李宇. “一带一路”建设与广播影视国际传播:挑战与变革[J]. 传媒,2017(13):37-39.

[91]李泽厚. 美的历程[M]. 北京:生活·读书·新知三联书店,2009.

[92]郦苏元,胡克,杨远婴. 新中国电影50年[M]. 北京:北京广播学院出版社,2000.

[93]梁沈修,唐旻红. 苏联电影在中国的跌宕命运[J]. 上海党史与党建,2007(10):30-32.

[94]刘继南,何辉,等. 中国形象:中国国家形象的国际传播现状与对策[M]. 北京:中国传媒大学出版社,2006.

[95]刘健榕. 中俄合拍片《战斗民族养成记》创作者与受众的取向偏差[J]. 戏剧之家,2019(30):87-90.

[96]刘景泰. 智慧融媒体视阈下当代影视传播的受众定位与文化

功能[J]. 出版广角,2019(2):34-36.
[97]刘磊."一带一路"格局下中国电影重塑现代国家形象[J]. 新闻爱好者,2021(3):76-78.
[98]刘亚丁. 20 世纪 90 年代俄罗斯对中国智者形象的建构[J]. 俄罗斯研究,2009(3):124-135.
[99]刘亚丁. 龙影朦胧:中国文化在俄罗斯[M]. 北京:北京大学出版社,2018.
[100]路春艳. 中国电影中的城市想象与文化表达[M]. 北京:北京师范大学出版社,2010.
[101]陆弘石. 中国电影:描述与阐释[M]. 北京:中国电影出版社,2002.
[102]罗岗,顾铮. 视觉文化读本[M]. 桂林:广西师范大学出版社,2003.
[103]马春燕. 中国故事的"他方"讲述与传播初探——以来华留学生为视角[J]. 理论导刊,2017(8):93-96.
[104]麦克卢汉. 理解媒介:论人的延伸[M]. 增订评注本. 何道宽,译. 南京:译林出版社,2011.
[105]孟建,等. 冲突・和谐:全球化与亚洲影视[M]. 上海:复旦大学出版社,2003.
[106]聂伟. 电影批评:影像符码与中国阐释[M]. 上海:上海三联书店,2010.
[107]潘一禾. 超越文化差异:跨文化交流的案例与探讨[M]. 杭州:浙江大学出版社,2011.
[108]齐亚乌丁・萨达尔. 东方主义[M]. 马雪峰,苏敏,译. 长春:吉林人民出版社,2005.
[109]钱程. 俄罗斯媒体中的中国形象变化分析[J]. 科技传播,

2020(18):37-38.

[110]让·波德里亚.消费社会[M].刘成富,全志钢,译.南京:南京大学出版社,2000.

[111]饶曙光.中国电影对外传播战略:理念与实践[J].当代电影,2016(1):4-9.

[112]饶曙光.“一带一路”电影的地缘政治与文化构型[J].电影艺术,2019(2):65-70.

[113]任泽阳.互联网时代影视文化新商业模式[J].营销界,2021(3):197-198.

[114]萨伊娜.俄罗斯人眼中的中国形象研究[D].济南:山东师范大学,2020.

[115]萨义德.文化与帝国主义[M].李琨,译.北京:生活·读书·新知三联书店,2003.

[116]单波,肖珺.文化冲突与跨文化传播[M].北京:社会科学文献出版社,2015.

[117]申载春.民俗与影视[J].青海师专学报(社会科学版),2002,22(6):62-66.

[118]沈影,吴刚.俄罗斯区域媒体中的中国形象——以《州报》《实业界》《乌拉尔政治网》报道为例[J].俄罗斯中亚东欧研究,2013(1):17-22.

[119]史博公.中国电影民俗学导论[M].北京:中国传媒大学出版社,2011.

[120]宋莉娜,王子勤.中国电影跨文化传播的路径及策略研究[J].出版广角,2017(19):72-74.

[121]孙芳,等.俄罗斯的中国形象[M].北京:人民出版社,2010.

[122]孙绍谊.电影经纬——影像空间与文化全球主义[M].上

海:复旦大学出版社,2010.

[123]孙英春. 大众文化:全球传播的范式[M]. 北京:中国传媒大学出版社,2005.

[124]孙英春. 跨文化传播学导论[M]. 北京:北京大学出版社,2008.

[125]唐晓峰. 文化地理学释义:大学讲课录[M]. 北京:学苑出版社,2012.

[126]田卉群. 探寻:中国电影的本土化与类型化之路[M]. 北京:中国电影出版社,2009.

[127]田秒."一带一路"背景下中国电影对外传播研究——从中国电影在俄罗斯的传播现状说开去[J]. 中国电影市场,2017(10):27-29.

[128]汪嘉波. 俄罗斯人眼中的中国电影[N]. 光明日报,2018-01-18(12).

[129]汪思雨. 中国电影跨文化传播的困境与对策——以《哪吒之魔童降世》为例[J]. 新媒体研究,2019,5(22):117-118.

[130]王怀东. 战略伙伴语境下中俄媒介集团合作研究[D]. 郑州:郑州大学,2018.

[131]王金琰. 中国武侠电影的跨文化传播[J]. 戏剧之家,2017(13):101-102.

[132]王俊义. 一位世纪学人的文化情怀——费孝通先生"文化自觉"论解读[J]. 学术研究,2003(7):9-16.

[133]王婷. 从"编码/解码"理论看中国电影的跨文化传播策略[J]. 当代电影,2017(7):154-157.

[134]王魏. 跨文化语境下中国影视译制剧"走出去"的新突破——以影视译制剧在非洲的传播为例[J]. 中国广播电视

学刊,2015(7):29-32.

[135]王一川.走向文化的多元化生——以文学艺术为范例[J].社会科学,2003(1):113-121.

[136]魏侨.俄罗斯媒体报道中的中国形象研究[D].上海:上海外国语大学,2020.

[137]吴迪.中国电影研究资料:1949—1979[M].北京:文化艺术出版社,2006.

[138]吴卫华.好莱坞电影的中国想象[M].北京:中国社会科学出版社,2017.

[139]吴荫循.中国电影代表团在塔什干[J].电影通讯,1986(9):39.

[140]吴月玲.家庭剧的逆袭:家长里短中的中国人形象[N].中国艺术报,2013-08-30(4).

[141]夏衍.写电影剧本的几个问题[M].上海:复旦大学出版社,2004.

[142]邢丽菊,赵婧.国际话语权视域下的中国国家形象建设:挑战与对策[J].东北亚论坛,2021,30(3):111-126.

[143]徐波.跨文化沟通——国家形象的有效传播[M].上海:复旦大学出版社,2018.

[144]徐开玉.中国电影走出去的理论形塑与实践推进[J].中国出版,2020(17):71.

[145]徐文明,杨曦.《中国人民的胜利》《解放了的中国》——新中国初期纪录电影的运作实践与国家认同[J].电影新作,2018(4):37-43.

[146]许华.“人类命运共同体”愿景中的中俄文化外交[J].俄罗斯东欧中亚研究,2018(4):13-26.

[147]亚·弗·卢金. 俄国熊看中国龙——17－20世纪中国在俄罗斯的形象[M]. 刘卓星,赵永穆,孙凌齐,等译. 重庆:重庆出版社,2007.

[148]杨远婴. 中国电影专业史研究[M]. 北京:中国电影出版社,2006.

[149]杨越明,藤依舒. 国外民众对中国文化符号的认知与印象研究——《2017外国人对中国文化认知调研》[J]. 对外传播,2018(8):50－53.

[150]尹鸿. 世纪转折时期的中国影视文化[M]. 北京:北京出版社,1998.

[151]尹鸿. 跨越百年:全球化背景下的中国电影[M]. 北京:清华大学出版社,2007.

[152]尹一伊. 分层·分众·分圈:线上传播对电影业的重构[J]. 当代电影,2020(12):37－43.

[153]尹悦. 国家形象建构视域下的中国影视外译研究[J]. 电影评介,2020(14):109－112.

[154]于小琴. 从人类命运共同体视角看疫情下俄罗斯社会对华舆论及中国形象[J]. 西伯利亚研究,2020,47(3):38－46.

[155]袁书. 美国语境中的功夫片读解:从李小龙到成龙[J]. 徐建生,译. 世界电影,2005(1):4－19.

[156]袁文殊. 新时期的社会主义电影在广阔的大道上前进——在中国电影家协会第五次会员代表大会上的报告[J]. 电影艺术,1985(6):4－12.

[157]约翰·费斯克. 理解大众文化[M]. 王晓珏,宋伟杰,译. 北京:中央编译出版社,2001.

[158]张兵娟. 电视媒介仪式与文化传播[M]. 北京:中国社会科

学出版社,2016.

[159]张国涛. 传播文化:全球化与本土化[M]. 北京:中国传媒大学出版社,2009.

[160]张海燕,王博. 中国影视剧海外传播的译配策略探讨[J]. 对外传播,2020(6):43-45.

[161]张举玺,郑琪. 论中国形象在俄罗斯的认知与媒介塑造[J]. 当代传播,2021(1):57-60,69.

[162]张雷,甄鑫. “一带一路”战略与我国影视剧国际传播路径创新[J]. 电视研究,2017(2):4-7.

[163]张莉,陆洪磊. 影响国际议题报道的全球化和本土化因素的再思考——基于“一带一路”报道的比较研究[J]. 现代传播(中国传媒大学学报),2018,40(10):45-51,62.

[164]张小杰. 中国传统神话资源的当代影像表达——以电影《哪吒之魔童降世》为考察对象[J]. 现代视听,2019(12):62-64.

[165]张兴成. 文化认同的美学与政治:文化帝国主义与文化民族主义关系研究[M]. 北京:人民出版社,2011.

[166]张亚星. 引导粉丝文化促进我国影视产业健康发展研究[J]. 新闻研究导刊,2020,11(24):192-194.

[167]张贻苒. 影视短片与民族地区形象的跨文化传播:转策略、扩议题、微叙事[J]. 出版广角,2018(9):73-75.

[168]张振宇. 中俄网络媒体合作背景下中国国家形象构建研究[D]. 郑州:郑州大学,2020.

[169]赵明元,张堃. 武术跨文化传播中“文化折扣”现象的成因及规避[J]. 南京体育学院学报(社会科学版),2017,31(4):66-71.

[170]赵倩倩. 我国电影中"侠文化"的跨文化传播[J]. 电影文学,2021(6):87-89.

[171]钟大丰,舒晓鸣. 中国电影史[M]. 北京:中国广播电视出版社,1995.

[172]钟敬文. 民俗学概论[M]. 上海:上海文艺出版社,2009.

[173]钟一博. "一带一路"倡议下影视文化产业发展的研究:基于文化实力视角[J]. 北京印刷学院学报,2020,28(11):126-128.

[174]钟毓. 熊猫符号下中国国家形象的多模态隐喻建构——以纪录片《这里是中国——国宝熊猫》为例[J]. 视听,2020(9):61-62.

[175]周菁. 论中外合拍电影的发展与跨文化传播[J]. 电影评介,2013(12):23-26.

[176]周宪. 视觉文化的转向[M]. 北京:北京大学出版社,2008.

[177]周星. 中国电影艺术史[M]. 北京:北京大学出版社,2005.

附　　录

附录一　中国环球电视网和俄语频道对俄传播纪录片列表

序号	纪录片名称	纪录片俄译名称	集数	播出平台	备注
1	《互信半世纪 越来越“中意”——献给中意建交五十周年》	«Укрепление взаимного доверия между Китаем и Италией на протяжении полувека»	1	中国环球电视网	以亲历者的视角讲述中意两国五十年来兼容并蓄、交流互鉴的故事。
2	《中国脱贫攻坚》	«Ликвидация бедности в Китае»	1	中国环球电视网	中美联合制作,用真实镜头向世界展示中国脱贫攻坚的伟大历史进程;通过普通人的故事和案例,将“精准扶贫、精准脱贫”中国理念呈现给海外观众;通过跟踪拍摄的方式,用六组真实人物故事,介绍中国精准扶贫“五个一批”的具体措施。

续表

序号	纪录片名称	纪录片俄译名称	集数	播出平台	备注
3	《同心战“疫”》	«Единение в борьбе с COVID-19»	6	中国环球电视网	第一集《令出如山》；第二集《生死阻击》；第三集《坚强防线》；第四集《众志成城》；第五集《命运与共》；第六集《人民至上》。
4	《另一个香港》	«Другой Сянган»	2	中国环球电视网	中央广播电视总台推出专题片《另一个香港》，探寻修例风波背后的真相。
5	《战疫》	«Пандемия COVID-19»	1	中国环球电视网	以抗击新冠肺炎疫情为主题，集合了上百名记者，历时八个月，直击前沿，极限采访，零距离拍摄的珍贵画面。
6	《我们在一起：中意携手同心抗“疫”》	«Мы вместе: Китай и Италия рука об руку сражаются с эпидемией»	1	中国环球电视网	由中国国际电视总公司策划出品，联合总台欧洲拉美地区语言节目中心制作，以中、意两国携手互助为主要内容，讲述中、意两国同心抗“疫”故事，彰显中国力量。

续表

序号	纪录片名称	纪录片俄译名称	集数	播出平台	备注
7	《生死之间》	«Между жизнью и смертью»	1	中国环球电视网	由中国国际电视台制作的新闻纪录片，讲述了2020年抗击新冠病毒疫情期间，武汉市第十一医院重症监护室（ICU）里的故事。
8	《武汉24小时》	«Стражи Уханя: 24 часа в Ухане»	3	中国环球电视网	讲述抗疫中的武汉的平凡人生故事，其中有温情也有大义。
9	《港珠澳大桥》	«Мост Сянган-Чжухай-Аомэнь»	2	中国环球电视网	以国际视角多维度、宽视野、全景式再现了港珠澳大桥工程建设过程，重点挖掘了港珠澳大桥之所以成为二十一世纪伟大工程的原因和意义；揭示了这座“超级工程”背后，中国桥梁建设者们勇于攻克难关、不断挑战极限，用智慧和汗水在世界桥梁建设史上确立“中国标准”的感人故事和典型细节。
10	《寻味顺德》	«Лакомства Шуньдэ»	3	中国环球电视网	第一集《乡土之源》；第二集《匠心独运》；第三集《美味相传》。

续表

序号	纪录片名称	纪录片俄译名称	集数	播出平台	备注
11	《航拍中国(第一季)》	«Китай с высоты птичьего полета(Сезон 1)»	6	中国环球电视网	第一集《新疆》;第二集《海南》;第三集《黑龙江》;第四集《陕西》;第五集《江西》;第六集《上海》。
12	《自然的力量》	«Сила природы»	6	中国环球电视网	第一集《纵横》;第二集《山峙》;第三集《水流》;第四集《风起》;第五集《共生》;第六集《追寻》。
13	《丝路,重新开始的旅程》	«Новое путешествие по Шелковому пути»	8	中国环球电视网	第一集《远方不熄的梦想》;第二集《跨越每个人的帕米尔》;第三集《驿站　接续的道路》;第四集《传承　寻找传统的力量》;第五集《召唤　诸神的旅行》;第六集《探索　在世界的两极》;第七集《别离　向东向西》;第八集《汇聚　世界之城》。
14	《北极,北极!》	«Северный полюс»	8	中国环球电视网	第一集《一路向北》;第二集《极北人家》;第三集《危险温度》;第四集《冰封宝藏》;第五集《航道破冰》;第六集《对话之地》;第七集《天下留白》;第八集《守望北方》。

续表

序号	纪录片名称	纪录片俄译名称	集数	播出平台	备注
15	《丹顶鹤》	«Маньчжурские журавли»	2	中国环球电视网	选取了中国的一南一北两个保护区对丹顶鹤进行拍摄。通过2012年出生的雏鹤的命运，展现丹顶鹤成长的艰难和种群的危机。
16	《中非合作新时代》	«Новая эпоха китайско-африканского сотрудничества»	5	中国环球电视网	第一集《梦想相通》；第二集《志向相合》；第三集《利益相融》；第四集《民心相亲》；第五集《未来相伴》。
17	《爱的海洋》	«Океан любви»	1	中国环球电视网	汶川地震灾区学生赴“海洋”全俄儿童中心疗养十周年纪念。
18	《共同打造梦想》	«Строим мечту вместе»	1	中国环球电视网	中哈合作五周年联合纪念“丝绸之路经济带”建设
19	《舌尖上的中国》	«Китай на кончике языка»	7	中国环球电视网	第一集《自然的馈赠》；第二集《主食的故事》；第三集《转化的灵感》；第四集《时间的味道》；第五集《厨房的秘密》；第六集《五味的调和》；第七集《我们的田野》。

续表

序号	纪录片名称	纪录片俄译名称	集数	播出平台	备注
20	《国家宝藏（第一季）》	«Национальные сокровища (Сезон 1)»	10	中国环球电视网	9家国家级重点博物馆，27个国家级瑰宝，27位“国宝守护人”，展示“大国重器”的前世今生，解读中华文化的基因密码，拉近当代人与历史文物的距离。
21	《一带一路》	«Один пояс, один путь»	6	中国环球电视网	第一集《共同命运》；第二集《互通之路》；第三集《光明纽带》；第四集《财富通途》；第五集《金融互联》；第六集《筑梦丝路》。
22	《茶，一片树叶的故事》	«Чай—история одного листа»	6	中国环球电视网	第一集《土地和手掌的温度》；第二集《路的尽头》；第三集《烧水煮茶的事》；第四集《他乡，故乡》；第五集《时间为茶而停下》；第六集《一碗茶汤见人情》。
23	《辉煌中国》	«Великолепный Китай»	6	中国环球电视网	第一集《圆梦工程》；第二集《创新活力》；第三集《协调发展》；第四集《绿色家园》；第五集《共享小康》；第六集《开放中国》。

续表

序号	纪录片名称	纪录片俄译名称	集数	播出平台	备注
24	《超级工程Ⅰ》	«Инженерные суперпроекты Ⅰ»	5	中国环球电视网	第一集《港珠澳大桥》;第二集《上海中心大厦》;第三集《北京地铁网络》;第四集《海上巨型风机》;第五集《超级LNG船》。
25	《超级工程Ⅱ》	«Инженерные суперпроекты Ⅱ»	4	中国环球电视网	第一集《中国路》;第二集《中国桥》;第三集《中国车》;第四集《中国港》。
26	《超级工程Ⅲ纵横中国》	«Инженерные суперпроекты Ⅲ»	5	中国环球电视网	第一集《食物供应》;第二集《能量之源》;第三集《交通网络》;第四集《中国制造》;第五集《城市24小时》。
27	《如果国宝会说话(第3季)》	«Если бы национальные сокровища могли говорить—Сезон 3»	25	中国环球电视网	节目的历史范围从魏晋南北朝跨越到了隋唐时期,涵盖了书法、绘画、壁画等多个门类,多维度展示了那个时代的技艺、审美、文化和生活方式。
28	《我的新疆日记》	«Мои записки о Синьцзяне»	3	中国环球电视网	第一集《古道新风》;第二集《河沙俱下》;第三集《天山脚下》。

续表

序号	纪录片名称	纪录片俄译名称	集数	播出平台	备注
29	《声音巡礼》	«Путешествие по звукам»	18	俄语频道	第一集《三秦记忆》;第二集《怀水河的悠扬旋律》;第三集《南京之旅－歌颂诗》;第四集《苏州和弦》;第五集《首都节奏》;第六集《玉詹曲》;第七集《楚国音乐艺术的兴起》;第八集《古代巴语王国的土家天堂》;第九集《净土田园》;第十集《图瓦人的声音》;十一集《梦在丽江》;十二集《全国大火舞》;十三集《西双版纳区的歌声之旅》;十四集《古都新声音》;十五集《苏州老旋律》;十六集《长安街交响曲》;十七集《甘江歌曲》;十八集《长安之舞》。
30	《联合国》	«Организация Объединенных Наций»	4	俄语频道	第一集《文明之道》;第二集《重返联合国》;第三集《正义与尊严》;第四集《合作与共赢》。

续表

序号	纪录片名称	纪录片俄译名称	集数	播出平台	备注
31	《第三极》	«Крыша мира»	6	俄语频道	第一集《生命之伴》;第二集《一方热土》;第三集《高原之歌》;第四集《上善之水》;第五集《大山儿女》;第六集《高原相遇》。
32	《手艺》(第3季)	«Мастерство ремесленников (Сезон 3)»	23	俄语频道	第一集《千年藏香》;第二集《宗萨泥塑》;第三集《御窑金砖》;第四集《药泥面具》;第五集《金镂之雅》;第六集《马鞍岁月》;第七集《首饰龙灯》;第八集《草龙之舞》;第九集《游漆梦园》;第十集《弦舞飞花》;第十一集《爆米飘香》;第十二集《嘉义交趾》;第十三集《玉岩石壶》;第十四集《面塑人生》;第十五集《竹丝扣瓷》;第十六集《越绝神剑》;第十七集《额河木艺》;第十八集《雪岭皮衣》;第十九集《化檀为纸》;第二十集《廊桥寻梦》;第二十一集《头面功夫》;第二十二集《三义木雕》;第二十三集《徽韵巧雕》。

续表

序号	纪录片名称	纪录片俄译名称	集数	播出平台	备注
33	《中国商人》	«Китайские коммерсанты»	20	俄语频道	第一集《大道圣途》;第二集《风雨路长》;第三集《潮起东南》;第四集《山陕放歌》;第五集《无梦徽州》;第六集《十三行商》;第七集《天下同仁》;第八集《世界首富》;第九集《红顶商人》;第十集《汇通天下》;第十一集《海上逐梦》;第十二集《实业先驱》;第十三集《香山买办》;第十四集《状元幽梦》;第十五集《瑞往祥来》;第十六集《兄弟同心》;第十七集《化工之父》;第十八集《民生情怀》;第十九集《民族光辉》;第二十集《千年商道》。

续表

序号	纪录片名称	纪录片俄译名称	集数	播出平台	备注
34	《光明与阴霾——德日二战反思录》	«Свет и тьма»	4	俄语频道	详细讲述了战后德日两国从政府到民间对战争问题的认识过程，以大量细节分析对比了两国在国家话语、法律制定、教育、文化、民间活动等方面的不同态度和做法。
35	《仰望星空》	«Глядя на звездное небо»	1	俄语频道	讲述人民科学家钱学森将所有的爱和激情都奉献给中国的国防尖端武器和航天事业的人生故事。
36	《我到新疆去》	«Едем по Синьцзяну»	8（电视版）	俄语频道	主要讲述了新中国成立以来，憧憬、热爱新疆的人们，为了寻求爱和梦想，在新疆奋斗和生活的故事。
37	《西安 2020》	«Сиань-2020»	6	俄语频道	第一集《千年梦寻》；第二集《古都新局》；第三集《丝路新途》；第四集《筑基长安》；第五集《绿色家园》；第六集《明日之城》。

续表

序号	纪录片名称	纪录片俄译名称	集数	播出平台	备注
38	《湿润的文明》	«О заболоченных землях Китая»	6	俄语频道	第一集《泽被苍生》;第二集《孕育江河》;第三集《滋生万物》;第四集《重负天下》;第五集《守护家园》;第六集《生命相依》。
39	《桥与城》	«Мост и город»	5	俄语频道	上海篇:第一集《摇到外婆桥》,第二集《风雨外白渡》,第三集《大桥的述说》;蚌埠篇:第一集《应运而生》;第二集《宿站之城》。
40	《北京之路》	«Путь к Пекину»	26	俄语频道	央视体育频道出品,节目组从2005年开始跟踪记录开幕式筹备的方方面面,详细记录了创意、排练等各个阶段,节目涵盖了开幕式文艺表演的仪式、焰火、音乐等,堪称北京奥运会开幕式的官方记录。

续表

序号	纪录片名称	纪录片俄译名称	集数	播出平台	备注
41	《故宫》	«Музей Гугун»	12	俄语频道	第一集《肇建紫禁城》;第二集《盛世的屋脊》;第三集《礼仪天下》;第四集《指点江山》;第五集《家国之间》;第六集《故宫藏瓷》;第七集《故宫书画》;第八集《故宫藏玉》;第九集《宫廷西洋风》;第十集《从皇宫到博物院》;第十一集《国宝大流迁》;第十二集《永远的故宫》。
42	《森林之歌》	«Песнь о лесах»	12	俄语频道	第一集《万木撑天》;第二集《绿满天涯》;第三集《绿色版图》;第四集《云横秦岭》;第五集《北国之松》;第六集《大漠胡杨》;第七集《雪域神木》;第八集《雨林回响》;第九集《森林隐士》;第十集《竹语随风》;第十一集《碧海红树》;第十二集《节目精编》。

续表

序号	纪录片名称	纪录片俄译名称	集数	播出平台	备注
43	《再说长江》	«Вновь о реке Янцзы»	33	俄语频道	第一集《大江巨变》;第二集《重上江源》;第三集《生命的高原》;第四集《金沙流韵》;第五集《一江东去》;第六集《水的年轮》;第七集《青铜岁月》;第八集《古蜀沉浮》;第九集《水润锦官城》;第十集《大佛东渐》;第十一集《天生赤水》;第十二集《行走江上》;第十三集《水火山城》;第十四集《三峡存证》;第十五集《告别家园》;第十六集《他乡故乡》;第十七集《坝梦春秋》;第十八集《水映三千峰》;第十九集《江流入海》;第二十集《江湖武汉》;第二十一集《道化武当》;第二十二集《庐山说庐》;第二十三集《无梦到徽州》;第二十四集《黄山无形》;第二十五集《灯火石头城》;第二十六集《江村变迁》;第二十七集《创新浪潮》;第二十八集《曲水姑苏》;第二十九集《发现古镇》;第三十集《时速上海》;第三十一集《浦东新高度》;第三十二集《江海交汇的地方》;第三十三集《生生不息》。

续表

序号	纪录片名称	纪录片俄译名称	集数	播出平台	备注
44	《行走西藏》	«Путешествие по Тибету»	4	俄语频道	第一集《滇藏线》；第二集《青藏线》；第三集《川藏线》；第四集《新藏线》。
45	《把绿色留给子孙》	«Оставим потомкам зеленую планету»	5	俄语频道	第一集《森林回响》；第二集《沙海奇迹》；第三集《湿地之旅》；第四集《生命乐园》；第五集《林改纪事》。
46	《大美青海》	«Великие красоты Цинхая»	5	俄语频道	第一集《人间仙境青海湖》；第二集《天地造化三江源》；第三集《精神家园塔尔寺》；第四集《横空出世莽昆仑》；第五集《前世今生柴达木》。
47	《大戏黄梅》	«Хуанмэйская опера»	10	俄语频道	第一集《乐起石碑》；第二集《花腔小戏》；第三集《二进宜城》；第四集《双喜班》；第五集《小辞店》；第六集《京黄联姻》；第七集《天仙配》；第八集《牛郎织女》；第九集《似水流年》；第十集《梅开二度》。

续表

序号	纪录片名称	纪录片俄译名称	集数	播出平台	备注
48	《庐山 人文圣山》	«Горы Лушань Культурное наследие святых гор»	10	俄语频道	第一集《开山》；第二集《归来》；第三集《文火》；第四集《问学》；第五集《诰封》；第六集《牯岭》；第七集《别墅》；第八集《壮士》；第九集《变通》；第十集《缘起》。
49	《记住乡愁》	«Тоска по родине»	13	俄语频道	第二集《屏山村——孝道传家》；第三集《明月湾村——讲和修睦》；第四集《石堰坪村——天道酬勤》；第五集《诸葛村——宁静致远》；第六集《白鹭村——积善成德》；第九集《街津口村——自尊自强》；第十一集《四合村——诚信赢天下》；第十三集《张谷英村——和睦有道》；第十七集《新叶村——读可修身》；第二十九集《年画村——世代尽孝》；第三十一集《周铁村——积钱不如教子》；第三十四集《河阳村——清白保平安》；第四十二集《渚口村——教养有道》。

续表

序号	纪录片名称	纪录片俄译名称	集数	播出平台	备注
50	《私家历史 私家菜》	«Блюда по секретным рецептам»	4	俄语频道	第一集《国厨故事》;第二集《百年老厨家》;第三集《阿山饭店》;第四集《厉家菜风云》。
51	《南京城》	«Город Нанкин»	8	俄语频道	第一集《钟山风雨 上集》;第二集《钟山风雨 下集》;第三集《虎踞龙盘 上集》;第四集《虎踞龙盘 下集》;第五集《天翻地覆 上集》;第六集《天翻地覆 下集》;第七集《人间正道 上集》;第八集《人间正道 下集》。

附录二　中国环球电视网和俄语频道对俄传播电视剧列表

序号	电视剧名称	电视剧俄译名称	导演	主演	开播时间	集数	播出平台
1	《小别离》	«Разлука ради любви»	汪俊	黄磊、海清、朱媛媛等	2016	45	中国环球电视网
2	《火蓝刀锋》	«Синее пламя»	张国庆	杨志刚、郑凯、刘思言等	2012	31	中国环球电视网
3	《恋爱先生》	«Любовь всегда права»	姚晓峰	靳东、江疏影、李乃文等	2018	45	中国环球电视网
4	《欢乐颂》	«Ода к радости»	孔笙、简川訸	刘涛、蒋欣、王子文等	2016	42	中国环球电视网
5	《我的前半生》	«Первая половина моей жизни»	沈严	靳东、马伊琍、袁泉等	2017	42	中国环球电视网
6	《中国式关系》	«Отношения по-китайски»	沈严、刘海波	陈建斌、马伊琍、胡可等	2016	36	中国环球电视网

续表

序号	电视剧名称	电视剧俄译名称	导演	三演	开播时间	集数	播出平台
7	《辣妈正传》	«Стильная мамочка»	沈严	孙俪、张译、明道等	2013	38	中国环球电视网
8	《生活启示录》	«Вдохновение жизни»	夏晓昀	闫妮、胡歌、果静林等	2014	35	中国环球电视网
9	《好大一个家》	«Большая семья»	陈佩斯	陈佩斯、刘蓓、杨立新等	2014	38	中国环球电视网
10	《放弃我，抓紧我》	«Жанымда кал (на казахском языке) »	邓衍成、阮惟新、陈国华	陈乔恩、王凯、乔仁梁等	2016	38	中国环球电视网
11	《都挺好》	«Все хорошо»	简川訸	姚晨、倪大红、郭京飞等	2019	46	中国环球电视网
12	《和空姐一起的日子》	«Жизнь со стюардессой»	何念	凌潇肃、姚晨、郭京飞等	2010	24	俄语频道
13	《没完没了的爱》	«Бесконечная любовь»	卫兆红、罗卉	沈畅、林永健、姚芊羽等	2007	28	俄语频道

续表

序号	电视剧名称	电视剧俄译名称	导演	主演	开播时间	集数	播出平台
14	《金太狼的幸福生活》	«Мечты о счастливой жизни»	余淳	宋丹丹、李小璐、王雷等	2012	40	俄语频道
15	《一日夫妻百日恩》	«Любовь навеки»	赵晨阳	郭晓冬、赵子琪等	2012	27	俄语频道
16	《大女当嫁》	«Пора замуж»	孙皓	宋佳、朱茵、马书良等	2010	25	俄语频道
17	《男才女貌》	«Любовь в большом городе»	蒋家骏	陆毅、林心如、曾黎等	2003	20	俄语频道
18	《新上门女婿》	«С зятем под одной крышей»	乔梁	潘虹、张歆艺、张译等	2011	25	俄语频道
19	《幸福来敲门》	«Счастье стучится в двери»	马进	蒋雯丽、孙淳、曹翠芬等	2011	36	俄语频道
20	《一路格桑花》	«Путь, усыпанный космеями»	陈胜利	凌潇肃、宋运成、赵柯等	2010	20	俄语频道

续表

序号	电视剧名称	电视剧俄译名称	导演	主演	开播时间	集数	播出平台
21	《深白·再婚进行时》	«Замуж во второй раз»	李威	姚芊羽、曹炳琨、张铎等	2011	38	俄语频道
22	《香樟树》	«Дерево дружбы»	朱德承、胡玫	梅婷、潘虹、刘琳等	2004	32	俄语频道
23	《红莓花儿开》	«Ой, цветет калина»	戴冰	保剑锋、左小青、法塔霍娃·奥列夏·阿列克桑德罗芙娜等	2010	30	俄语频道
24	《离婚前规则》	«Предразводные правила»	刘家成	白百何、贾乃亮、高露等	2012	34	俄语频道
25	《好歹一家人》	«Такая вот семья»	高伟峰	丁嘉丽、刘佳、赵君等	2012	29	俄语频道
26	《张小五的春天》	«Весна Чжан Сяоу»	周小刚	闫妮、立威廉等	2010	25	俄语频道
27	《幸福生活在招手》	«Мечты о счастливой жизин»	史晨风	任程伟、牛莉、潘虹等	2012	29	俄语频道
28	《家有公婆》	«Свекры и свекрови»	王硕	杨童舒、张铎、王丽云等	2009	38（央视版）	俄语频道

续表

序号	电视剧名称	电视剧俄译名称	导演	主演	开播时间	集数	播出平台
29	《我和老妈一起嫁》	«Выйти замуж вместе с мамой»	余丁	殷桃、彭玉、张洪杰等	2011	28	俄语频道
30	《小留学生》	«Китайские школьники за границей»	潘小扬	徐百慧、谢殊、孙青青等	2005	20（央视版）	俄语频道
31	《雪域天路》	«Небесный путь на снежном краю»	杨韬	刘威、奇道、尹铸胜等	2010	37（央视版）	俄语频道
32	《爱在生死边缘》	«Любовь на грани жизни и смерти»	安战军	任程伟、王艳、朱宏嘉等	2002	20	俄语频道
33	《鸽子哨》	«Голубиная песня»	付宁	秦海璐、王斑、李滨等	2009	36	俄语频道
34	《野鸭子》	«Дикая утка»	李小平	曹曦文、张桐、李颖等	2011	26	俄语频道
35	《不如跳舞》	«Лучше потанцуем»	张国立	张国立、韩雨芹、钟汉良等	2010	30	俄语频道

续表

序号	电视剧名称	电视剧俄译名称	导演	主演	开播时间	集数	播出平台
36	《裸婚时代》	«Голый брак»	滕华涛	文章、姚笛、张凯丽等	2011	30	俄语频道
37	《你是我的幸福》	«Ты мое счастье»	姜凯阳	李建义、刘佳、李明启等	2011	28	俄语频道
38	《莲花雨》	«Лотосовый дождь»	麦贯之	曾恺玹、李国毅、潘敏世等	2009	30	俄语频道
39	《女子戏班》	«Женская труппа»	张世纯、熊见平	段奕宏、邢宇飞、颜丹晨等	2007	38	俄语频道
40	《神医喜来乐》	«Чудо-доктор Си Лайлэ»	黄力加、江洪	李保田、杜雨露、沈傲君等	2003	31（央视版）	俄语频道
41	《大染坊》	«Красильня»	王文杰	侯勇、罗刚、萨日娜等	2003	24	俄语频道
42	《老大的幸福》	«Счастье Фу старшего»	李路	范伟、孙宁等	2010	39（央视版）	俄语频道

附录三　俄罗斯第一频道网站《发现中国》列表

序号	名称	中译名	发布时间
1	«Дети»	《叶甫盖尼·科列索夫的孩子》	2016. 2. 28
2	«Китайская свадьба»	《中式婚礼》	2016. 3. 6
3	«Кантонская башня»	《广州塔》	2016. 3. 13
4	«Деревенская школа»	《乡村学校》	2016. 3. 20
5	«Китайская кухня»	《中国菜》	2016. 3. 27
6	«Поезда»	《中国高铁“和谐号”》	2016. 4. 3
7	«Китайские трущобы»	《中国平民生活》	2016. 4. 10
8	«Панды»	《大熊猫》	2016. 4. 17
9	«Китайская деревня»	《中国农村》	2016. 4. 24
10	«Пешеходные улицы»	《步行街》	2016. 5. 15
11	«Китайская фабрика»	《中国工厂》	2016. 5. 22
12	«Мебельный рай»	《家具天堂》	2016. 5. 29

续表

序号	名称	中译名	发布时间
13	«Китайский чай»	《中国茶》	2016. 6. 5
14	«Китайский средний класс»	《中国的中产阶级》	2016. 6. 13
15	«Шаолиньский монастырь 1»	《少林寺 1》	2016. 6. 19
16	«Шаолиньский монастырь 2»	《少林寺 2》	2016. 6. 26
17	«Нефрит»	《中国玉》	2016. 9. 25
18	«Автомобили»	《中国汽车产业》	2016. 10. 2
19	«Уличная еда»	《街头美食》	2016. 10. 16
20	«Китайский парк»	《中国公园》	2016. 10. 23
21	«Кантонская ярмарка»	《广交会》	2016. 10. 30
22	«Такси»	《出租车》	2016. 11. 6
23	«Индустрия спорта»	《体育产业》	2016. 11. 13
24	«Фотосалоны»	《婚纱摄影》	2016. 11. 27
25	«Культ предков»	《中式祭祀》	2016. 12. 4
26	«Город художников»	《艺术家之城》	2016. 12. 11
27	«Традиционная китайская медицина. Лекарь»	《中医·医者》	2017. 1. 22

续表

序号	名称	中译名	发布时间
28	«Традиционная китайская медицина. Лекарства»	《中医・中药》	2017. 1. 29
29	«Китайский Новый год»	《中国新年》	2017. 2. 5
30	«Борьба с коррупцией»	《打击腐败》	2017. 2. 19
31	«Традиционная китайская медицина. Больница»	《中医・医院》	2017. 3. 5
32	«Жемчуг. Иероглифы»	《珍珠 象形文字》	2019. 11. 23
33	«Животные. Пустые города»	《宠物 空城》	2019. 12. 7
34	«Фрукты. Наньшань»	《南山 中国水果》	2019. 12. 21